À L'ÉCOUTE DES SONS

Les consonnes

Thérèse PAGNIEZ-DELBART
*Professeur de phonétique
à l'Alliance Française de Paris*

D1438315

CLE International

27, rue de la Glacière – 75013 PARIS

Vente aux enseignants :
18, rue Monsieur-le-Prince – 75006 PARIS

Cet ouvrage complète *À l'écoute des sons : « les voyelles »*. Il s'adresse plus particulièrement aux étudiants de FLE de niveaux moyen ou avancé ainsi qu'aux professeurs. Il propose, comme le précédent, une multitude d'activités autour d'un même son : en perception, production, relation son-graphie. Toutefois, contrairement aux voyelles, les consonnes ne sont pas étudiées selon une progression articulatoire, le travail de correction peut de ce fait être ponctuel et se concentrer sur les seules consonnes qui présentent des difficultés pour un public donné. Elles sont généralement travaillées par paires opposées (sourde-sonore le plus souvent, ou labiale-bilabiale ou dorsale-dentale, etc.) et proposées en contexte facilitant.

Le système consonantique du français est moins complexe que celui de la plupart des autres langues : les consonnes françaises n'ont pas de durée, elles sont fugitives, petites mais précises ; quand elles sont prononcées elles le sont parfaitement, sans relâchement de leur tension articulatoire et la réalisation d'un son est identique quelle que soit sa place dans le mot (sauf phénomène d'assimilation, cf. page 78). Les principales difficultés proviennent donc généralement de la langue d'origine des étudiants.

Perception

Pour accroître l'attention auditive, les étudiants sont invités :
– à écouter plusieurs fois le son présenté dans les « diapasons » de façon à inscrire la référence sonore dans la mémoire auditive,
– à identifier le son dans les proverbes, les citations et les textes enregistrés sur les cassettes,
– enfin à s'entraîner à bien distinguer la différence entre les consonnes par des tests de perception (discrimination).

Les erreurs de perception révèlent souvent des défauts au niveau de l'émission. C'est pourquoi, à la suite de la correction des tests, sont indiquées les positions articulatoires (position de la langue, des lèvres...) auxquelles il faut vraisemblablement veiller lors des exercices de production.

Production

Généralement, le premier exercice de correction est valable pour tous, il est dit avec une prononciation normale.

Puis viennent des exercices plus spécifiques pour rendre, selon les cas, la consonne plus légère, plus précise, plus sourde, plus sonore, plus fricative, plus occlusive, moins rétroflexe, pour la dégager de petits sons parasites, voire créer un son inexistant... Dans tous les cas, ces exercices doivent être répétés le plus souvent possible.

Si la consonne doit être produite plus légèrement, elle est présentée d'abord en position intervocalique, entourée de voyelles relâchées *(appas)*. Si la consonne manque de force et de précision, elle est située en position initiale et suivie de voyelles tendues *(pique)*.
Si une consonne doit être produite avec moins de sonorité, elle est entourée de consonnes sourdes *(spectacle* pour [p]).
Si une consonne doit être réalisée avec plus de sonorité, elle est précédée ou suivie d'une voyelle (souffle sonore) ou d'un [m] consonne sonore (existant dans les autres langues).
Selon qu'il est nécessaire de rendre une consonne plus fricative ou plus occlusive, elle est travaillée avec

© CLÉ INTERNATIONAL 1992 ISBN 2.19.033213.3

une consonne de même famille ([s] [f] - [t] [p], par exemple : *ça fait/ta paix*). Si un son parasite s'insère entre la consonne et la voyelle antérieure, la consonne est travaillée simultanément avec une voyelle postérieure et une voyelle antérieure *(tantine)*. Selon la nécessité de garder la pointe de la langue en bas ou de la faire remonter, des consonnes sont employées pour la correction ([k] [s], pointe de la langue en bas pour corriger un [l] rétroflexe par exemple).

Enfin, il est bien recommandé dans beaucoup de cas de cacher la difficulté. Par exemple, cacher le mot « statue » lorsque l'étudiant doit répéter « Lasse-ta-tu » ou ne pas écrire [ʀ] avant de le prononcer pour éviter le retour au réflexe de la langue maternelle. Ces consignes sont indiquées le cas échéant dans le complément d'information.

Les exercices de stabilisation ont pour but de renforcer l'acquisition du son plutôt que de le corriger en proposant une contextualisation (reprise du ou des sons en situation). Il est conseillé de faire lire, avant de les faire entendre, les réponses à ces exercices pour contrôler la bonne intonation et la bonne production du son.

Relation son-graphies

Pour savoir orthographier un son, maintenant mieux perçu et mieux produit, il est conseillé :

– d'apprendre les graphies qui correspondent à un son donné ; (les exceptions qui figurent dans les tableaux ne sont pas exhaustives). Des phrases de référence portant sur des correspondances son-graphies dûment choisies sont proposées. On peut ainsi s'entraîner à les prononcer et à les écrire de mémoire ;

– de rechercher dans un texte les graphies qui correspondent à un son donné et d'en faire la transcription phonétique tout en chuchotant ce son. Le deuxième intérêt de l'exercice de transcription est d'apprendre l'alphabet phonétique et d'acquérir ainsi la faculté de lire dans un dictionnaire la prononciation correcte d'un mot inconnu et difficile ;

– de lire le texte annoté. Les étudiants doivent s'efforcer de bien exprimer le sens de la phrase et de respecter le rythme et l'intonation.
Ils doivent être maintenant capables de « s'entendre », de faire leur autocritique et de rectifier par eux-mêmes leurs erreurs. Si ce n'est pas le cas, il leur faut revenir à l'exercice correctif. Bien évidemment, le professeur doit s'attacher à la bonne prononciation des sons déjà travaillés sans se montrer trop exigeant pour les autres sons ;

– de faire des dictées où les étudiants doivent, sans l'aide d'un contexte, retrouver par l'écoute la graphie du son et inscrire dans le blanc la consonne manquante. Ceci est parfois difficile mais le professeur peut veiller à travailler, avec ses étudiants les jours précédents, le vocabulaire nécessaire ;

– de se divertir avec les jeux et les chansons pour stabiliser d'une manière agréable la bonne prononciation du son.

L'utilisation de cette technique de correction peut s'appliquer à tous. La multitude des activités présentées permet au professeur de choisir celles qui s'adaptent le mieux aux connaissances et aux intérêts de ses étudiants, mais toujours en s'appuyant sur l'exercice correctif :

– **pour *les tout débutants*** : l'écoute du diapason, la réalisation des tests et l'exercice correctif ;

– **pour *les débutants*** : la recherche du son dans les proverbes et les citations, les tests, l'exercice correctif, les exercices de stabilisation et les exercices de relation son-graphies, choisis en fonction du niveau de langue ;

– **pour *les étudiants de niveau supérieur*** : il est possible d'ajouter à l'ensemble des activités, les compléments d'information de la partie **C** .

C : Complément d'information (pour les professeurs)

D : Astuce Démosthène (aide par le geste à la localisation de la langue et aux mouvements des lèvres et de la bouche).

A : Conseil Aristote (se porter dans le sens opposé à celui où l'on se sent entraîné pour arriver à un juste milieu).

Sommaire

Sons	Positions	Symbolisations	Diapasons	Paginations
[ʃ]		// pas de vibrations ↑ pointe de la langue en haut au-dessus des dents _ vibrations	chou haché hanche	Perception P 55 Production P 56 Relation S.G. P 59 🐌 P 104
[ʒ]			joue âgé ange	« g » Perception P 55 Production P 56 Relation S.G. P 59 P 61 🐌 P 104
[l]		↑ pointe de la langue en haut	lit allée elle	Perception P 67 Production P 68 Relation S.G. P 74 🐌 P 106
[R]		↓ pointe de la langue en bas	riz arrêt erre	Perception P 67 Production P 68 Relation S.G. P 74 🐌 P 106
Consonnes nasales [m]		= utilisation des 2 lèvres	mon hameau âme	Perception P 25 Production P 26 Relation S.G. P 29 🐌 P 97
[n]		← langue à la pointe des dents du haut	non anneau dîne	Perception P 25 Production P 27 Relation S.G. P 29 🐌 P 97
[ɲ]		↙ pointe de la langue en bas dos relevé	gnon agneau digne	Perception P 25 Production P 28 Relation S.G. P 29 🐌 P 97
Semi-voyelles Semi-consonnes [j]		↙ langue bien en avant, le dos relevé	hier miette famille	Perception P 80 Production P 81 Relation S.G. P 85 🐌 P 108
[ɥ]		← langue très en avant comme pour [y], le dos un peu relevé	huit muette fruit	Perception P 80 Production P 81 Relation S.G. P 86 🐌 P 108
[w]		→ langue très en arrière comme pour [u], le dos un peu plus relevé	oui mouette froid	Perception P 80 Production P 81 Relation S.G. P 86 🐌 P 108

[ŋ] « ng » pour les mots d'origine anglaise (parking).

*Remerciements à Mesdames
A. Triantafyllou et C. Caillet-Villard
qui ont bien voulu me relire et m'assister
de leurs conseils.*

[p] - [b]

sourde   sonore
tendue   relâchée

occlusives
bilabiales
graves

Perception

 Écoutez les sons [p]   [b]

paix	baie
appas	abats
hop	aube

 Distinguez les sons [p] et [b] dans les textes suivants :

PROVERBES

Qui peut le plus, peut le moins.

Qui a bu, boira.

Au fond des pots sont les bons mots.

TEXTE

    * « Comment les nourissez-vous ? Bien.

– Que mangent-elles ? Pain.

– Lequel ? Bis.

...

– Ne mangent-elles point de soupes ? Point.

– Et de pâtisserie ? Plein.

– J'en suis ! Ne mangent-elles pas de poisson ? Si.

...

– Mais comment boivent-elles ? Sec.

– Et quoi ? Vin.

– Lequel ? Blanc ! [...]

François Rabelais, *Pantagruel*.

Beauté
Qui pourrait inventer
un nom plus beau
plus calme
plus indéniable
plus mouvementé...

Beauté
Souvent j'emploie ton nom
et je travaille à ta publicité
Je ne suis pas le patron

Beauté
Je suis ton employé.

J. Prévert in *Fatras*
© Éd. Gallimard 1966.

---

* Pantagruel et Panurge interrogent le moine Frelon sur le régime alimentaire des jolies pensionnaires du couvent qu'ils visitent.

Discrimination

Reproduisez ce tableau.
Écoutez [p], [b] et indiquez d'une croix :

si les sons sont	différents	identiques
paix - baie	+	
. . . .		
. . . .		

si les mots énoncés comportent	[p]	[b]
bon		+
. . . .		
. . . .		

si vous entendez [p] dans la	1ʳᵉ syllabe	2ᵉ syllabe	3ᵉ syllabe
probable	+		
. . . .			
. . . .			

Production

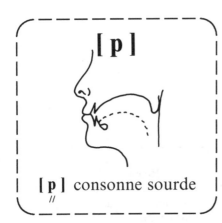

[p] consonne sourde

Similitude

Les lèvres se joignent puis se séparent, laissant échapper l'air brusquement.

Différence

Pour [b], les cordes vocales vibrent pendant toute l'émission du son. Elles ne vibrent pas pour [p].

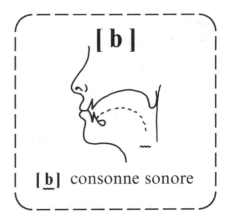

[b] consonne sonore

Correction

Répétez plusieurs fois l'exercice

1. *** Pour bien distinguer [p] de [b].** Remarquez bien que pour [p] les cordes vocales ne vibrent pas alors que pour [b] elles vibrent. Les deux lèvres se joignent bien puis se séparent.

a) paix ... baie	b) dépit ... débit	c) cape ... cab
pas bas	appas abats	rape rab[1]
pont bon	capot cabot	trompe trombe

Passe-moi la belle pomme et le petit pot de beurre
Il a mis son chapeau et son jabot. Qu'il est beau !
Le poulain galope et tombe. Pauvre petit poulain !

---

* Conseillé à tous.
1. Abréviation de « rabiot » qui signifie « en supplément » (mot familier).

A D **Répétez plusieurs fois l'exercice**

2. a) ** Si [p] est prononcé avec trop de force. Appuyez, dans ce cas, légèrement les lèvres l'une sur l'autre, sans produire trop de souffle.

appas .... épée .... épi   C'est spécial, père, espère.
happe   hop   houpe
pont   paon   pain   N'aspire pas au pire, Pierre. **C**

Voilà la poule au pot « Henri IV ».
Coupe en quatre. Coupe-la ! Coupe !

D **2. b) *** Si [p] est prononcé avec trop peu de force.** Pressez bien, dans ce cas, les lèvres l'une sur l'autre, l'air sort brusquement.

pique ..... patte .... paisse .... pouce   C'est une pipe en bois.
type   cape   cep   coupe   C'est la pipe de papa.
typique   capot   cépée   couper   C'est sa pipe. **C**

D **3. **** Si le son [p] n'existe pas dans votre langue.** Mettez un accent d'insistance sur la syllabe qui comporte un **[p]**. Contrairement à **[b]** les cordes vocales ne vibrent pas. L'air sort brusquement lorsque les lèvres se séparent. **C**

a) spic ...... pique   b) capte ... cap .... capitale   Picpus
   spectacle   pétale   inapte   nappe   napper   Papi passe par Picpus.
   spécimen   paix   adopte   dope   doper   Papi va acheter un tapis à Picpus.

D **4. ***** Si le son [b] n'est pas sonore ou s'il ne l'est pas pendant toute la durée de son émission [b] = [p] + _.** Séparez les lèvres comme pour **[p]** en veillant à ce que les cordes vocales vibrent bien dès le début et jusqu'à la fin de la production de ce son. **C**

a) habit   b) aime bien ..... Bien !   c) Gobe mieux .... Gobe
   debout   aime beaucoup   Beaucoup !   Robe mauve   Robe
   déballe   aime bâtir   Bâtis !   Imbibe mieux   Imbibe

Ce baobab est bien beau.
Elle tombe encore. Elle tombe mal. Elle tombe !

📼 Stabilisation

Répondez à votre interlocuteur selon l'exemple donné.

1. Que penses-tu de Bernard ?
Il ne boit pas, il parle peu. C'est un type bien calme.

   Que penses-tu de Paul ?
   Que penses-tu de Bertrand ?
   Que penses-tu de Patrick ?

2. Lisbonne est la capitale du Portugal ?
Oui, c'est bien la capitale de ce beau pays.

   Bruxelles est la capitale de la Belgique ?
   Paris est la capitale de la France ?
   Sofia est la capitale de la Bulgarie ?
Et celle de l'Europe ?

**   Conseillé aux Anglo-Saxons, aux Scandinaves...
***   Conseillé à de nombreux Asiatiques, aux Antillais et à de nombreux Africains...
****   Conseillé aux arabophones...
***** Conseillé aux hispanophones, aux Germaniques, aux Scandinaves, aux Chinois et à de nombreux Asiatiques...

3. Regarde le gardien de but du « Racing ».
Il dérape, tombe... mais il stoppe le ballon. Ça, c'est du sport !

Regarde le gardien de but du « Paris-Saint-Germain ».
Regarde le gardien de but de « Marseille ».
Regarde le gardien de but de « Bordeaux ».

Relation son-graphies

Le son [p] peut s'écrire *p* (paix), *pp* (appel). 🗣

				Exceptions
il se prononce	toujours	en position	**initiale :** *paix - pneu - près* **finale + e :** *guêpe - nappe*	
	presque toujours		**médiale :** *épée - septembre - appel*	sept - baptiser - sculpter - compter (et leurs dérivés)
	très rarement		**finale :** *beaucoup - trop - corps champ*	quelques mots (souvent étrangers) stop - hop - cap - laps - cep - biceps...

■ **Mémorisation :** C'est un a**pp**el **p**our la **P**aix !
                       p   p   p

Le son [b] peut s'écrire *b* (beau), *bb* (abbaye).

				Exceptions
il se prononce	toujours	en position	**initiale :** *beau - blé - bras* **finale + e** *robe - cube - jambe*	
	presque toujours		**médiale :** *habit - abri - abbé - abbaye*	quelques noms propres : Lefebvre...
	presque toujours		**finale absolue :** *snob* (généralement mots étrangers)	plomb - aplomb - surplomb et quelques noms propres.

■ **Mémorisation :** Qu'elle est **b**elle, cette a**bb**aye !
                           b   b

Transcription 🗣

Mettez les signes phonétiques [p] et [b] et les symboles // et ‿ chaque fois que vous trouvez des graphies correspondantes.

Exemple : Ce dé**p**uté a **b**ien dé**b**uté.

Il s'est baigné et peigné rapidement. Prends les branches posées sur la planche.
Il a pris l'abri de la pie, ce coucou ? Les bœufs sont peut-être dans le pré. La pompe a été abîmée par cette bombe. C'est le béret de l'opéré ? Big Bang est-il à Picpus ?

 Intonation

Lisez à haute voix le texte de l'exercice précédent en reproduisant le rythme et l'intonation de l'enregistrement ; ne réfléchissez plus aux mouvements articulatoires des sons étudiés qui doivent devenir automatiques.

 Intégration

DICTÉE

Complétez les mots suivants selon la graphie qui convient au son [p] ou [b].

C'est la . (b)elle Quelle trom . e C'est sa . art C'est meu . lé
C'est la . (p)elle Quelle trom . e C'est sa . arre C'est . eu . lé

Quelle . elle . êche Cet ha . it Où est le . ont ? . rends un . on . ain
Quelle . elle . êche Ces ta . is Où est le . on ? . rends un . on . ain

EXERCICES

1. Lisez les mots suivants et écrivez leur radical (la graphie de ces mots permet de retrouver la consonne finale non prononcée du radical).

Draperie, sirupeux, champêtre, plomberie, coupure, loupiot.

2. Écrivez un petit texte en prose dont le sujet pourrait être « Il faut repenser le rapport de l'homme et de la planète », **ou un poème** en vous inspirant de celui de J. Prévert.

> ...Celle qui vous aimait n'est plus
> Que me voulez-vous oiseaux
> Plumes de pluie pluie de plumes
> Depuis que tu n'es plus je ne sais plus...
> Je ne sais plus où j'en suis...
> « Les oiseaux du souci » in *Paroles* © Gallimard.

...Puis lisez-le. Il faut évidemment employer le plus de mots possibles comportant un **[p]** ou un **[b]**.

Distraction

JEUX

Classe du professeur Peussourd en Égypte

Un étudiant est promu professeur et demande à ses élèves de dire soit au présent, soit à l'imparfait, soit au participe passé, soit au participe présent, soit au passé simple ; à la forme négative (ne... pas ou ne...plus) et éventuellement à la voix passive ou pronominale ; à la première personne du pluriel, l'un des verbes suivants :

pouvoir - spéculer - piquer - passer - soupçonner - spécialiser - stopper - papoter - spécifier - pister - poster - partir, etc.

Attention professeur Peussourd, ne soyez pas sourd à vous-même, prononcez bien le « p » sourd ! Vous devez dire par exemple « Dites le verbe pouvoir à l'imparfait, première personne du pluriel... » Vous notez vos élèves, mais eux, vous évaluent !

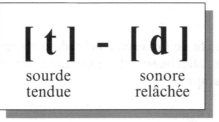

[t] – [d]

sourde   sonore
tendue   relâchée

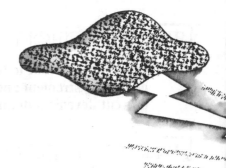

occlusives
dentales
aiguës

Perception

 Écoutez les sons [t]   [d]

tes	des
été	aidé
honte	onde

 Distinguez les sons [t] et [d̪] dans les textes suivants :

PROVERBES

À tout seigneur, tout honneur.

Fais ce que doit, advienne que pourra.

Aide-toi et le ciel t'aidera.

TEXTE

Le petit cheval dans le mauvais temps, qu'il avait donc du courage !

C'était un petit cheval blanc, tous derrière et lui devant.

Il n'y avait jamais de beau temps dans ce pauvre paysage. (...)

Mais toujours il était content, menant les gars du village.

Sa voiture allait poursuivant sa belle petite queue sauvage (...)

Mais un jour, dans le mauvais temps, (...) il est mort par un éclair blanc (...)

Il est mort sans voir le beau temps, qu'il avait donc du courage !

Il est mort sans voir le printemps ni derrière ni devant.

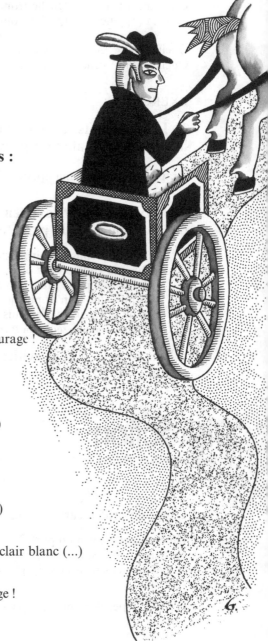

Paul Fort, Extrait de « Complainte du petit cheval blanc ».
in *Cantilènes et Ballades*, © Mercure de France, 1909.

À mesure que je vois*
J'oublie, j'oublie
J'oublie tout ce que je vois.

À mesure que je pense,
Je dépense je dépense !

À mesure que je vis,
Je dévie je dévie !

Mais à mesure que je meurs,
Je demeure, je demeure !

J. Tardieu « Les Préfixes »
in *Le Fleuve caché*,
© Gallimard, 1968.

* texte intéressant pour le
commentaire de vocabulaire et pour
la prononciation de [ə] [e]

Discrimination

Reproduisez ce tableau.

 Écoutez [t], [d] et indiquez d'une croix :

si les sons sont	différents	identiques
tôt - dos	+	
....		
....		

si les mots énoncés comportent	[t]	[d]
ondée		+
....		
....		

si vous entendez [t] dans la	1re syllabe	2e syllabe	3e syllabe
dictateur		+	+
....			
....			

Production

Similitude

La langue touche la pointe des dents supérieures puis se retire, laissant échapper l'air brusquement.

Différence

Pour [d], les cordes vocales vibrent pendant toute l'émission du son. Elles ne vibrent pas pour [t].

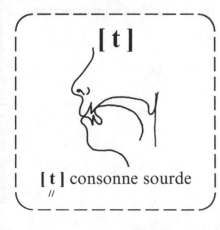

[t]

[t] consonne sourde

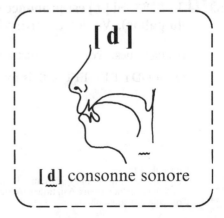

[d]

[d] consonne sonore

 Correction

Répétez plusieurs fois l'exercice.

D **1.** * **Pour bien distinguer [t] de [d].** Remarquez bien que pour **[t]** les cordes vocales ne vibrent pas alors que pour **[d]** elles vibrent. La langue touche la pointe des dents supérieures puis s'en détache nettement, toujours en position convexe.

a) tes .... des   b) coter .... coder   c) vite .... vide
   tout   doux   été   aider   soute   soude
   tu   du   bateau   badaud   sept   cède

Il a tout le temps des dettes. Il tarde à venir.
Il doute toujours de tout. Qu'il demande, il recevra.

A **Répétez plusieurs fois l'exercice**

D **2. a)** ** **Si [t] est prononcé avec trop de force.** Appuyez, dans ce cas, légèrement la langue à la pointe des dents du haut et retirez-la sans produire de souffle.

entends .... attends .... éteint   Satan s'attend à tout !
hante   hâte   hotte
temps   tas   teint   Stop, c'est sa station.

                                          Attends l'été, ma tante. Entends ces mots d'entente !

2. b) *** **Si [t] est prononcé avec trop peu de force.** Appuyez, dans ce cas, fortement la langue contre les dents du haut et retirez-la, l'air doit sortir brusquement.

tic .... tac ...... teck   Étais-tu si triste, Titus ?
quitte   quête   cite   Tortue, étais-tu si têtue ?
été   état   ôter

A **D** **3.** **** **Si [t] est prononcé en position rétroflexe (pointe de la langue redressée en direction du palais).** Veillez à garder la langue convexe, décontractée.

ces tactiques – ces tic-tac – cet actif – ces techniques – ces dictées.

Dis « DDT PTT TTT ». Bois ton thé. Ton thé t'a-t-il ôté ta toux ?

---

*   Conseillé à tous.
**   Conseillé aux anglophones, germanophones, Scandinaves...
***   Conseillé à de nombreux Asiatiques, Africains...
****   Conseillé aux anglophones...

D **4. ***** Si le son [d] n'est pas sonore ou s'il ne l'est pas pendant toute la durée de son émission [d] = [t] + _.** Touchez la pointe des dents supérieures comme pour **[t]** et veillez à ce que les cordes vocales vibrent bien dès le début et jusqu'à la fin de la production de ce son. L'air sort brusquement.

a) aidé	b) aime donner . . . donne !	c) demande-moi . . . . demande
idée	aime divertir — divertis !	monde mouvant — monde
hideux	aime discuter — discute !	mode mini — mode

Dans ce monde, les modes se démodent vite.
Aide-moi, regarde-moi, écoute-moi !

D **5. ****** Si un petit [i] ou un petit [s] ou [z] est émis entre [t] ou [d] et les voyelles antérieures.** Veillez à garder avec celles-ci les mêmes sons **[t] [d]** que ceux émis avec les voyelles postérieures ou relâchées. La langue doit quitter avec légèreté et rapidité son point d'appui sur les dents.

a) tantine	b) dandine	c) dentiste	d) tandis	e) Dédé . . . dédié
tâter	dadais	dater	tendez	denté . . . dentier
entends-tu	dodu	dois-tu	tondu	deux . . . dieux

Ce dentiste édenté devrait bien mettre un dentier.
La danseuse Tiu a-t-elle mis son tutu ?
Ma dodue tantine se dandine. L'attends-tu ? Sois attentif, entends-tu... Tatie ?
Le Tsigane a menti.

 Stabilisation

Répondez à votre interlocuteur selon l'exemple donné.

1. Sais-tu qui a écrit le *Discours de la méthode ?*

Non, mais je te le demande.

   Sais-tu qui a écrit *Jacques le fataliste ?*
   Sais-tu qui a écrit *Tartarin de Tarascon ?*
   Sais-tu qui a écrit *Les Trois Mousquetaires ?*

2. Qui est-ce qui marche à quatre pattes, puis à deux pattes, puis à trois pattes ?

Aide-moi et dis-moi vite une autre devinette.

   Quelle est la meilleure et la pire des choses ?
   Tous les Athéniens sont menteurs, dit un Athénien. Est-ce vrai ?

3. Dites-vous « tu » ou « vous » à un étranger ?

Je dis « tu » à tous ceux que j'aime.

   Dites-vous « tu » ou « vous » à votre mère ?
   Dites-vous « tu » ou « vous » à votre femme ?
   Dites-vous « tu » ou « vous » à vos professeurs ?

> ... Rappelle-toi cela Barbara
> Et ne m'en veux pas si je te tutoie...
>
> J. Prévert. *Barbara.*

***** Conseillé aux hispanophones, à certains Chinois et germanophones...
****** Conseillé à certains Brésiliens, Égyptiens, Canadiens français, Maghrébins...

Relation son-graphies

Le son [t] peut s'écrire : *t* (tu), *tt* (hutte), *th* (thé), *d* (en liaison).

					Exceptions
il se prononce	**toujours**	**en position**	**initiale :** **finale + e :**	*tu - très - thé* *haute - hotte - mythe*	
	presque toujours		**médiale :**	*été - attaque - athée* **ci**	Montmartre - hautbois
	très rarement		**finale absolue :**	*petit - ticket - flot - profit - aspect - respect - instinct*	cet - net - est - ouest - dot - rapt - en fait - brut - direct - correct huit - sept - tact - verdict...

■ **Mémorisation :** Quand au rythme du tango, tonton et tantine vont trottinant,
‿   t   t   t   t t   t t   t

comme ils sont attendrissants !
t t

Le son [d] peut s'écrire : *d* (dix), *dd* (addition).

					Exceptions
il se prononce	**toujours**	**en position**	**initiale :** **finale + e :**	*doux - drap* *laide - ride*	
	presque toujours		**médiale :**	*idée - pardon - adjectif*	quelques mots composés avec « grand » : grand-mère grand-place.
	très rarement		**finale absolue :**	*laid - nid - nœud*	sud et quelques mots d'origine étrangère : raid- caïd

■ **Mémorisation :** Didon dîna-t-elle du dos d'un dodu dindon... sans additif ?
d d   d   d   d d   d d d d   d

Transcription

Mettez les signes phonétiques [t] et [d] et les symboles // et ‿ chaque fois que vous trouvez des graphies correspondantes.

                     t d   t   d   t
Exemple : L'habitude est une seconde nature.
            // ~   //‿   ~   //

L'homme qui dort a toujours tort. La vente de la lavande ne couvre pas toutes ses dettes. C'est la saison de la tonte, ils tondent leurs moutons. Dans le temps, ta tante avait tendance à toucher à tout. Tout doux, ma toute douce !

 Intonation

Lisez à haute voix le texte de l'exercice précédent en reproduisant le rythme et l'intonation de l'enregistrement ; ne réfléchissez plus aux mouvements articulatoires des sons étudiés qui doivent devenir automatiques.

Intégration

 DICTÉE

Complétez les mots suivants selon la graphie qui convient au son [t] ou [d].

Qu'il (t)onne	C'est la mo . e	Quelle . or . ue	C'est une aman . e
Qu'il (d)onne	C'est la mo . e	Quel . or . u	C'est une aman . e
Ils . émen . ent	C'es . une . ouche	C'est co . é	. ison
Ils . eman . ent	C'es . une . ouche	C'est co . é	. isons

EXERCICES

1. Écrivez au féminin les adjectifs suivants, lisez-les et faites des constatations.

a) chaud/ blond/ idiot/ petit/ dévot/ grand/
b) muet/ coquet/ violet/
c) (in)discret/ secret/ (in)complet/ inquiet/ concret/ désuet/ replet/
d) net/ cet/
e) sot/ vieillot/ boulot/ pâlot/ maigriot/ bellot/

2. Sachant que théo signifie « Dieu » - thermo « chaleur » - thèque « dépôt » - thérapie « art de soigner », complétez les mots suivants et lisez-les.

Biblio . . èque/ cure . . ermale/ . . éologie/ énergie . . ermo-nucléaire/ a . . ée/ disco . . èque/ . . ermomètre/ thalasso . . érapie.
Et l'orthographe, qu'est-ce que c'est ? L'art d'écrire correctement ! ortho (droit-correct), graphe (art d'écrire).

3. À la manière de P. Éluard ou de J. Prévert, écrivez et dites quelques phrases sur ce que vous aimez ou sur ce à quoi vous rêvez.

Je t'aime pour toutes les femmes que je n'ai pas connues
Je t'aime pour tous les temps où je n'ai pas vécu [...]
Je t'aime pour toutes les femmes que je n'aime pas [...]
Tu es le grand soleil qui me monte à la tête [...]

P. Éluard « Je t'aime » in *Le Phénix*.
© R. Laffont, 1951.

À quoi rêvais-tu ?
Vêtue puis revêtue
À quoi rêvais-tu
Dévêtue

J. Prévert
in *La pluie
et le beau temps*.
© Gallimard,
nrf, 1972

Distraction

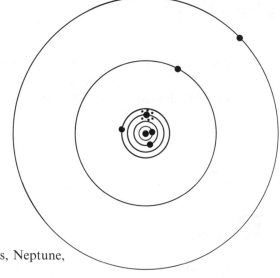

JEUX

1. Jeu de l'astronome. Situez le Soleil et, sur leur orbite, la Lune, la Terre, Vénus, Mercure, Mars, Jupiter et Saturne. Complétez les phrases suivantes et lisez-les :

La Lune tourne autour de ....
La Terre tourne autour du ....
(Faites de même pour : Mercure, Jupiter, Saturne, Uranus, Neptune, Pluton et Mars.)

2. Jeu du Titi parisien.
Créez un divertissement dans le langage d'un Titi parisien en utilisant les mots suivants :

toutou, tonton, tantine, tata, tam tam, tue-tête, teuf teuf, tic tac, tutu, trac, ton thon, type, totem, dondon, dodo, dodu, Toto, troc, truc, chut, zut, tique, dada, tocard, toc toc, etc.

Exemple : T'entends les boîtes de thon de ton tonton qui font toc toc dans la teuf teuf de la dodue tantine...

Attention, le Titi parisien écoute et compte les « t » et « d » mal prononcés !

[k] - [g]

sourde   sonore
tendue   relâchée

occlusives
palatales
neutres

Perception

 Écoutez les sons [k]   [g]

cou   goût
écu   aigu
conque   gong

 **Distinguez les sons [k] et [g]
dans les textes suivants :**

PROVERBES

Cœur qui soupire n'a pas ce qu'il désire.

Goutte à goutte la mer s'égoutte.

Des goûts et des couleurs, il ne faut pas discuter.

TEXTES

Le muguet

Un bouquet de muguet

Deux bouquets de muguet,

Au guet ! Au guet !

Mes amis, il m'en souviendrait,

Chaque printemps au premier Mai.

Trois bouquets de muguet,

Gai ! Gai !

Au premier Mai,

Franc bouquet de muguet.

Robert Desnos
Chantefables et Chantefleurs
© Gründ

... Monsieur, je vous demande une petite minute d'attention : je voudrais que vous me donniez l'heure du départ des cars pour Caen ! Enfin, monsieur, Caen, dans le Calvados !
– C'est vague...
– En Normandie ! Ah ! ma parole, vous débarquez !
– Ah ! là où a eu lieu le débarquement ? ... en Normandie... à Caen ?
– Voilà.
– Eh bien, prenez le car.
– Il part quand ?
– Il part au quart.
– Mais, le quart est passé !
– Et bien, si le car est passé, vous l'avez raté.
[...]
... mais si ça vous dit d'aller à Troyes, [...]
– Qu'est-ce que vous voulez que j'aille faire à Troyes ?
– Prendre le car.
– Pour où ?
– Pour Caen.
– Comment voulez-vous que je vous dise quand si je ne sais pas où ?
– Vous ne savez pas où est Caen ?
– Mais si je sais où est Caen [...]
Oh ! ne criez pas ! on va s'occuper de vous...
Alors il a téléphoné au dépôt. Mon Dieu, à 22 le car était là ;
les flics m'ont embarqué à trois et suis arrivé au car où j'ai passé la nuit... Voilà mes vacances !

R. Devos, « Vacances à Caen »
Sens dessus dessous © Stock

Discrimination

 Reproduisez ce tableau.
Écoutez [k], [g] et indiquez d'une croix :

si les sons sont	différents	identiques
Coucou		+

si les mots énoncés comportent	[k]	[g]
Troc	+	

si vous entendez [k] dans la	1re syllabe	2e syllabe	3e syllabe
Congo	+		

Production

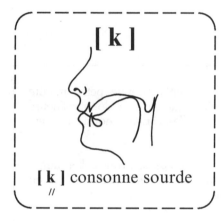

[k]

[k] consonne sourde

Similitude

La pointe de la langue est en bas.
Le dos de la langue s'appuie au milieu
du palais puis s'en sépare
pour laisser échapper l'air.

Différence

Pour [g], les cordes vocales vibrent
pendant toute l'émission du son. Elles ne
vibrent pas pour [k].

[g]

[g] consonne sonore

Correction

Répétez plusieurs fois l'exercice

D 1. * **Pour bien distinguer [k] de [g].** Remarquez bien que pour [k] les cordes vocales ne vibrent pas alors que pour [g] elles vibrent. La pointe de la langue est en bas, le dos touche légèrement le milieu du palais.

a) cou .....goût   b) écho .....égaux   c) dock ...dogue
   quand   gant   écu   aigu   bec   bègue
   queue   gueux   paquet pagaie   roc   rogue

Un canard cancanant et un coq bien coquet se racontent leurs conquêtes.
Ah ! que de qu'en-dira-t-on !
Ce gars est bien gai. Oh ! ils sont tous en goguette dans cette guinguette !

---

*   Conseillé à tous, particulièrement aux hispanophones.

A **Répétez plusieurs fois l'exercice**

D **2. a) ** ** Si [k] est prononcé avec trop de force.** Appuyez, dans ce cas, le dos de la langue ni trop longtemps, ni trop fort, ni trop en avant du palais.

encan ....acacia		....ou couds	Escomptez et comptez.
tic	tac	tique	Escale à Cannes !
qui	que	quoi	Esquissez ce qui vous plaît ! 𝒞

Qu'est-ce que c'est ? C'est un carnet de chèques. Il a un compte en banque ?

2. b) * Si [k] est prononcé avec trop peu de force.** Appuyez bien, dans ce cas, le dos de la langue au milieu du palais. L'air s'échappe brusquement.

quitte ......quête		.... cote	Il n'a qu'à casser la caisse ! Comment ?
tique	teck	toque	Pourquoi ?
acquitte	accus	écoute	Qui que tu sois, écoute l'écho !

D **3. **** Si le son [g] n'est pas sonore ou s'il ne l'est pas pendant toute la durée de son émission [g] = [k] + ⌣.** Remontez le dos de la langue comme pour [k] en veillant à ce que les cordes vocales vibrent bien dès le début et jusqu'à la fin de la production de ce son.

a) au goût	b) aime Guy	Guy	c) augmente ... dogue 𝒞
agacer	aime gommer	gomme	pygmée figue
égaie	aime guider	guide	segment bègue

Garde ses bagages en gage ! C'est un gag ! Il zigzague !
Gargantua et Pantagruel sont-ils des géants ?

D **4. ***** . Si un petit [i] est produit entre [k] [g] et les voyelles antérieures (comme [i-e-y]...).** Veillez à garder avec celles-ci les mêmes sons [k] [g] que ceux émis avec les voyelles postérieures. Ce doit être léger, rapide. La partie antérieure du dos de la langue ne doit pas toucher le palais sur une trop grande surface.

a) à quand ....à qui ?		b) sans gant ...sans Guy	
au cas	au quai	ses goûts	c'est gai
écosse	écu	égaux	aigu

Quand est-ce qu'on se dit : « Qu'est-ce qui se passe ? »
Qu'est-ce que c'est ? C'est la caisse !
Qu'est-ce que vous voulez ? Qu'est-ce qu'il y a ?
Qui est-ce ? C'est Guy ! Il guette gaiement les gamines.

> Qu'est-ce qui passe ici si tard ?
> Compagnon de la Marjolaine
> Qu'est-ce qui passe ici si tard ?
> Gai, gai, dessus le quai.

** Conseillé aux germanophones, anglophones, Scandinaves...
*** Conseillé à la plupart des Asiatiques...
**** Conseillé aux germanophones et à certains Chinois, Africains et hispanophones.
***** Conseillé aux Turcs, aux Malgaches, à certains Slaves, Africains, Iraniens, Brésiliens...

 Stabilisation

Répondez à votre interlocuteur selon l'exemple donné.

1. Que fait ton ami turc ?
Il navigue. Il zigzague entre les océans Atlantique, Pacifique et Arctique.

    Que fait ton ami congolais ?
    Que fait ton ami malgache ?
    Que fait ton ami coréen ?

2. As-tu vu la fresque des bouquetins ?
Oui, dans la grotte de Lascaux ?

    As-tu vu la grande salle des taureaux ?
    As-tu vu la licorne ?
    As-tu vu le cheval galopant ?

Est-ce une grotte calcaire avec des stalactites et des stalagmites ?
Non, mais il y en a dans la même contrée, dans la grotte de Grand Roc

3. Connais-tu la cathédrale de Reims ?
Oui, c'est une admirable cathédrale gothique.

    Connais-tu la cathédrale de Cologne ?
    Connais-tu la cathédrale de Paris ?
    Connais-tu la cathédrale de Chartres ?

> As-tu connu Guy au galop
> Du temps qu'il était militaire ?
>
> Apollinaire

Relation son-graphies

Le son [k] peut s'écrire : *k* (kilo), *q* (qui), **c**
    c / cc + a/o/u (car-accord-cube)
           + ue/ui (cueille-accueille-cuir)
    ch (écho) voir [ʃ] p. 59
    x (taxi) voir x p. 53

					Exceptions
	toujours		initiale :	*kilo - **qui** - cap - col* *cube - cueille - cuillère*	
			finale + e :	*coke - marque*	
il se prononce	toujours	en position	médiale :	*moka - acquis - cacao* *écu - accord - dictée*	second et ses dérivés [səgõ]
	presque toujours		finale absolue :	*stock - coq - cinq - sac* *bec*	tabac - clerc - marc - estomac - croc - broc - accroc - escroc - porc - caoutchouc avec les voyelles nasales : franc - jonc - banc quelques mots en « ct » : aspect - respect - suspect - instinct - succinct...

 ■ **Mémorisation :** Maxime ! un sa**k**é, un **qu**in**qu**ina, un **c**ura**ç**ao, un **c**o**c**a-**c**ola,
                         ks   k   k k   k   k k k

un **ch**ianti. Quelle **c**uite ! Ils vont se faire **c**ueillir !
   k   k   k   k

Le son [**g**] peut s'écrire : *g / gg* + a/o/u (gamme-gomme-aggraver-aigu)
  gu + e/i/y (guenon-gui-Guy)

x voir p. 54 (examen).

					Exceptions
il se prononce	toujours	en position	initiale :	*gamme - gomme - gustation* *guet - gui - gris*	
			finale + e :	*bague*	
	presque toujours		médiale :	*égaux - égout* *aiguiser - église* *argot - segment* *aggrave - agglomération*	doigté - vingtaine - longtemps sangsue
	rarement		finale absolue :	*long - vingt - sang* *doigt - poing - étang -* *hareng - bourg...*	zig-zag - gag - ping-pong (généralement des mots d'origine étrangère)

 ■ **Mémorisation :** Le **g**osse de **G**u**g**usse fait le **g**ui**g**nol avec sa **g**alante **g**uenon. Il e**x**agère.
  g g g g c̶ g g gz

Transcription

Mettez les signes phonétiques [k] et [g] et les symboles // et ‿ chaque fois que vous trouvez des graphies correspondantes.

Exemple : G̲outte à g̲outte, on emplit la c̲uve.
(g / g / k / //)

En gage, il a donné la cage de son canari. Par égard à ce cas, il a fait un écart.
Il a trop mangé de mangues, il en manque. Agacé, il a cassé la glace. Gomme, comme ça ce sera clair. Ce gueux a mis une queue de guépard à son cou.

Intonation

Lisez à haute voix le texte de l'exercice précédent en reproduisant le rythme et l'intonation de l'enregistrement ; ne réfléchissez plus aux mouvements articulatoires des sons étudiés qui doivent devenir automatiques.

Intégration

 DICTÉE

Complétez les mots suivants selon la graphie qui convient au son [k] ou [g].

C'est un bè(g)ue   C'est ai . u   Quelle é . ume   Elle . uête
C'est un be(c)   Cet é . u   Quel lé . ume   Elle . uette

C'est un re . uin   Ce sont des ba . ues   Quel cy . le
C'est un re . ain   Ce sont des ba . s   Quel si . le

EXERCICES

1. Écrivez la terminaison [ik] du masculin et du féminin des adjectifs suivants et lisez les mots complétés. Faites une constatation.

un . . iron . . publ . . métall . . volcan . . mélancol . . artist . .

2. Écrivez la première personne du singulier et du pluriel du présent, de l'imparfait, du passé simple, du futur du verbe zigzaguer, puis lisez et faites une constatation sur les verbes en « -guer ».

Distraction

JEUX

1. Connaissez-vous Rabelais ?
Réunissez par un trait la séquence qui correspond aux différents personnages et lisez.

(1) Gargantua	(a) est la mère de Gargantua
(2) Loup Garou	(b) est le roi, voisin de l'État de Pichrocole
(3) Pantagruel	(c) est le fils de Gargantua
(4) Grandgousier	(d) est un géant vaincu par Pantagruel
(5) Panurge	(e) est le père de Pantagruel
(6) Raminagrobis	(f) est une des îles visitées par Panurge et Pantagruel
(7) Quinte Essence	(g) est l'ami de Pantagruel
(8) Gargamelle	(h) est un poète consulté pour savoir si Panurge doit se marier
(9) Thélème	(i) est le nom de l'abbaye construite pour frère Jean
(10) Trink	(j) est l'oracle rendu par la bouteille
(11) Fais ce que voudras	(k) est la règle de frère Jean

Soulignez d'un trait celui qui a volé les cloches de Notre-Dame de Paris pour les mettre au cou de sa jument.

Soulignez de deux traits celui qui a jeté le mouton à la mer.

2. Cherche ami étranger pour échange de conversation.

Cocorico, dit le petit coq français à son ami étranger qui lui répond...
Coin coin, dit le petit canard français
Cot cot co dak, dit la petite poule
Coucou, dit le coucou
Cui cui, dit le moineau

[m] - [n] - [ɲ]

bilabiale	dentale	palatale
grave	aiguë	aiguë

occlusives
nasales
sonores
relâchées

Perception

 Écoutez les sons [m] [n] [ɲ]

mon	non	gnon
hameau	anneau	agneau
dîme	dîne	digne

 Distinguez les sons [m] [n] et [ɲ] dans les textes suivants :

PROVERBES

Les amis de mes amis sont mes amis.

À l'impossible, nul n'est tenu.

Vigne close, vigne double.

Il ne faut jamais jeter le manche après la cognée.

> Mon enfant, ma sœur,
> Songe à la douceur
> D'aller là-bas vivre ensemble !
> Aimer à loisir,
> Aimer et mourir
> Au pays qui te ressemble
>
> Ch. Baudelaire, *Invitation au voyage.*

TEXTE

Je fais souvent ce rêve étrange et pénétrant

D'une femme inconnue, et que j'aime, et qui m'aime,

Et qui n'est, chaque fois, ni tout à fait la même

Ni tout à fait une autre, et m'aime et me comprend.

[...]

Est-elle brune, blonde ou rousse ? – Je l'ignore

Son nom ? Je me souviens qu'il est doux et sonore

Comme ceux des aimés que la Vie exila.

P. Verlaine, « Mon rêve familier » in *Poèmes saturniens.*

> Sur la route de Denain
> Une femme nue
> Que jamais homme n'eut
> Sur la route de Denain
> Un homme nain
> Dont jamais femme ne voulut
> Sur la route de Denain
> Ni vu ni connu
> La nuit
> Le nain eut la nue
>
> J. Prévert
> in *Soleil de nuit* © Gallimard.

Discrimination

 Reproduisez ce tableau.
Écoutez [m], [n], [ɲ] et indiquez d'une croix :

si les sons sont	différents	identiques
oh non - oignon	+	
. . . .		
. . . .		

si les mots énoncés comportent	[m]	[n] [ɲ]
maman	+	
. . . .		

si vous entendez [ɲ] dans la	1ʳᵉ syllabe	2ᵉ syllabe	3ᵉ syllabe
mini peigne			+
. . . .			

Production

Similitude

De l'air passe par le nez. Les cordes vocales vibrent pendant toute l'émission du son.

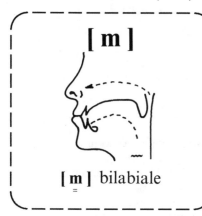

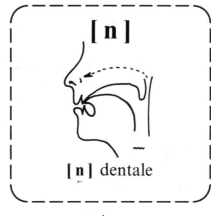

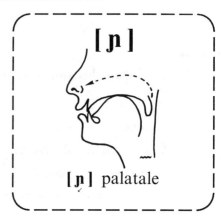

Différences

Les deux lèvres se joignent puis se séparent.

La langue touche les dents supérieures puis se retire rapidement.

La pointe de la langue appuyée contre les dents inférieures, le dos de la langue se soulève pour toucher rapidement le palais.

 Correction

[m]

[m] = [b] mais l'air passe par le nez : abîmer, boum, aime bien.

Répétez plusieurs fois l'exercice

1. Si [m] est prononcé avec trop peu de force. Appuyez, dans ce cas, fortement les lèvres l'une sur l'autre.

mi .....mes ....mai
émis   mimer   aimé
aime   mime   hume

> Amour d'une mère, amour que nul n'oublie
> [...]
> Chacun en a sa part et tous l'ont tout entier.
> V. Hugo

Qu'est-ce que l'Amour ? Des mots ou des faits ?
Aime mieux ! Aimons-nous mieux !

2. Si [m] en position finale est peu perceptible. Séparez-bien les lèvres après la prononciation du « m » final et ne refermez pas la bouche trop vite.

hommage ...homme à tout faire ...homme
famine   femme élégante   femme
elle aima   elle aime à donner   elle aime

Cette femme aime-t-elle les hommages de cet homme ?
Bien sûr, madame !

[n]

[n] = [d] mais l'air passe par le nez : dînez, donne... Didon dit non

Répétez plusieurs fois l'exercice

1. Si [n] est prononcé avec trop peu de force. Veillez à ce que la langue touche puis quitte les dents avec netteté.

nid .....nez ....nos   Est-ce ta nounou ou ta nana ?
dîner   scénique   donner   Un peu de respect ! c'est Anne, ma cousine.
dîne   scène   donne

2. Si [n] en position finale est peu perceptible. Ne fermez pas la bouche avant d'avoir retiré la langue de son point d'appui sur les dents.

dîne avec moi ...dîne
donne encore   donne   Anne dîne sur la dune à la pleine lune !
dunette   dune

 Les [n] et les liaisons. Écoutez, constatez et répétez.

3. a) Un ami...   Une amie
    ɛ̃ n   y n
  aucun ami   aucune amie
    ɛ̃ n   y n

C'est un homme qui n'a aucun ami

b) Mon ami   mon amie
   õ n   õ n
  ton ami   ton amie
  son ami   son amie

Il n'y a rien à dire
C'est une relation bien engagée
On a conseillé de n'en avoir pas d'autre

c) Un bon ami   Une bonne amie   Il chante à plein poumon
         ɔ n   ɔ n   ɛ̃

      un certain ami   une certaine amie   En plein air.
             ɛ n   ɛ n   ɛ

                                                 L'air est plein d'entrain.
                                                     ɛ̃

                                                 Les paroles pleines de joie !
                                                       ɛ n

d) Un médecin / américain - Une maison / en brique
           ɛ̃   a   õ   ã

Selon / eux, c'est un garçon / admirable sinon / agréable - Chacun dit ce qu'il en pense !

[ɲ]

L'air passe par le nez : il gagna.

Répétez plusieurs fois les exercices suivants en remontant le dos de la langue pour [ɲ].

1. a) anneau …agneau   b) cigale   signal   Oh ! non, je ne veux pas de tes oignons.
      dîne   digne   l'orgue   lorgne   Pour une bague volée, le bagne !
      non   gnon   Gaule   gnôle   Buvait-on de la gnôle, en Gaule ?

2. [m]   [n]   [ɲ]

mon ……………non ……….gnon
hameau   anneau   agneau
dîme   dîne   digne

Il perdit son lorgnon, sous l'ormeau, près de l'Orne, mais il gagna un agneau !
Pendant son règne, cette reine n'a pas cherché à dominer mais à aimer.

📼 Stabilisation

Répondez à votre interlocuteur selon l'exemple donné.

1. Je suis allé voir *Ma nuit chez Maud* d'Éric Rohmer.
Moi aussi j'aime ce film. Ça, c'est du bon cinéma !

    Je suis allé voir *Nana* de Jean Renoir.
    Je suis allé voir *Un homme et une femme* de Claude Lelouch.
    Je suis allé voir *Le dernier métro* de François Truffaut.

2. Connais-tu la Dordogne ?
Non mais je connais la Bourgogne et ses vignobles.

    Connais-tu la Champagne ?
    Connais-tu la Sologne ?
    Connais-tu la Gascogne ?

3. Que vas-tu faire dans les Alpes ?
Voir la montagne, et faire de belles promenades.

    Que vas-tu faire dans les Pyrénées ?
    Que vas-tu faire dans les Vosges ?
    Que vas-tu faire dans le Jura ?

Relation son-graphies

Le son [m] peut s'écrire : *m* (ma), *mm* (femme)

					Exceptions
il se prononce	toujours	en position	initiale :	*main*	
			finale + e :	*dame - femme*	
	presque toujours		médiale :	*demain - grammaire - gymnastique*	damner - automnal et les mots de la même famille plombier (voir tome 1 p. 136)
	très rarement		finale absolue :	voir « voyelles nasales » (tome 1 p. 136) *faim - nom - parfum* [ɛ̃] [õ] [œ̃]	quelques mots étrangers : album - intérim - Islam

■ **Mémorisation :** Lentement - patie**mm**ent. Pourquoi un « m » et deux « m » ?
                     m   m

Quelle galère, cette gra**mm**aire !(1)
                     m

Le son [n] peut s'écrire : *n* (ni), *nn* (année).

					Exceptions
il se prononce	toujours	en position	initiale :	*nous - nuit*	
			finale + e :	*lune - pleine*	
	toujours		médiale :	*genou - bonnet*	« n » suivi d'une consonne : pensée - pincée - poncé [ã] [ɛ̃] [õ] (voir voyelles nasales tome 1 p. 136)
	très rarement		finale absolue :	voir « voyelles nasales » (tome 1 p. 136) *hein - en - on - un* [ɛ̃] [ã] [õ] [œ̃]	mots étrangers savants : abdomen - spleen

■ **Mémorisation :** Que sont deve**n**ues **n**os jeunes a**nn**ées ?
                     n   n   n   n

Le son [ɲ] peut s'écrire : *gn* (agneau-gnangnan)

					Exceptions
il se prononce	presque toujours	en position	initiale :	*gnôle - gnon*	mots savants pour lesquels on prononce [g] et [n] : gnome [gnom]
	toujours		finale + e :	*soigne - châtaigne*	
	presque toujours		médiale :	*magnifique - épargner*	quelques mots savants : diagnostic - stagner - magnum... [gn] [gn] [gn]
[ɲ] n'existe pas en position			finale absolue		

■ **Mémorisation :** Gui**gn**ol est-il **gn**ang**n**an ou a-t-il de la poi**gn**e ?
                     ɲ   ɲ   ɲ   ɲ

---

1. L'adverbe lentement est formé sur le féminin de l'adjectif lent.

Transcription

Mettez les signes phonétiques [m] [n] [ɲ] et les symboles = des deux lèvres, ← de la langue à la pointe des dents du haut et ↙ de la langue en bas, le dos relevé, chaque fois que vous trouvez des graphies correspondantes.

Exemple : Elle me peigne sans peine.

Digne, il se prive de dîner pour payer sa dîme.
Alors non, sans lorgnon, tu ne vois par l'or, mon oncle ?
Mon aîné aimait les araignées. C'est mignon, non ?
Oh non ! Pas d'oignons. Benêt, ne sais-tu pas faire de beignets aux champignons ?
L'agneau, accroché par un anneau à un arbre couvert de résine, se résigne.
Les châtaignes sont-elles châtaines ?

Intonation

Lisez à haute voix le texte de l'exercice précédent en reproduisant le rythme et l'intonation de l'enregistrement ; ne réfléchissez plus aux mouvements articulatoires des sons étudiés qui doivent devenir automatiques.

Intégration

 DICTÉE

Complétez les mots suivants selon la graphie qui convient au son [m] [n] ou [ɲ].

Il s'est (m)enti	Il . i . ait	Quelle pa . e	C'est la . ari . e	C'est un . an . an
Il s'est (n)anti	Il . i . ait	Quel pa . e	C'est la . ari . e	C'est un . a . ant
				C'est un a . ant

C'est . or . e	C'est une bor . e	Quelle rei . e	Quelle ca . otte
Ces . or . es	C'est une bor . e	Qu'elle rè . e	Qu'elle ca . ote

EXERCICES

1. Cherchons les [ɲ]
Écrivez les verbes suivants, à la 3ᵉ personne du singulier et à la 3ᵉ personne du pluriel du présent de l'indicatif, et lisez-les :

craindre, éteindre, peindre, étreindre, feindre, plaindre, contraindre.

2. Jonglons avec les « ne...pas ». Inspirez-vous de J. Tardieu et faites un poème puis lisez-le et apprenez-le mot à mot !

Nous restons où nous sommes
Nous restons où nous sommes arrivés.

Pourtant nous **ne** restons **pas** là où nous sommes
Nous ne restons pas où nous sommes arrivés.
[...]

Là où tu es venu, resteras-tu ?
... **Ne** finiras-tu **pas** d'arriver
... Est-il possible à la fois de rester de partir,
de **ne pas** rester **de ne pas** partir.

« Conjugaisons et interrogations II » in
L'accent grave et l'accent aigu © Gallimard.

3. Méditons sur les mots et les moments. Dites ce que vous suggère le mot « moment » ou quels sont les mots qui vous rendent malade.

« Un moment appelant d'autres moments.
Un moment au fil de l'eau, un moment sur l'aile du vent,
un moment retombant sur une foule de moments [...]
Un moment déjà reparti.
Un moment qui n'avance plus. Un moment lourd
de pressentiments.
Un moment qui laisse déjà entendre le piétinement
du temps... »

H. Michaux. *Moments, traversées du temps,* © Gallimard.

« À force de les voir
Il y a des mots qui vous rendraient malades
[...]
Sauf si on les entoure de musique
On met bien du sucre autour des amandes.
Des mots comme [...] »

B. Vian. *Cantilènes en gelée,* © C. Bourgois.

Distraction

JEUX

1. Loto des « m, n » et « gn »

Comme dans le modèle proposé, faites autant de grilles qu'il y a d'élèves dans la classe et le nombre nécessaire de jetons comportant soit « m » soit « n » soit « gn ».

Les étudiants doivent remplir leur carton en mettant correctement dans les cases vides les jetons piochés à tour de rôle dans le tas, face retournée.

Chaque fois qu'un jeton est tiré, la lettre qui y est inscrite est lue ainsi que le mot complété.

Si aucun mot ne peut être complété, le jeton est remis dans le tas.

j	a		b	e		d	a		s
		g	r	i		p	e		
c	o	q	u	i		e			
â		e			a		e	a	u
l	a	p	i			l	e		t
			i		e	x	a	c	t
i			o	b	i	l	e		

2. Devinettes ? Jeu de mots ? Humour noir ? Trouvez le fin mot... de la fin !

Je suis plus intéressé par le vin d'ici que par . . . (Francis Blanche)
Si vous mettez le pied sur une vipère, vous risquez. . .
Je suis mort je. . .
Le futur de « je suis vivant ». Réponse de l'élève « je. . . »
Que dit un curé à un homme qui va être pendu ? « Va et. . . »
Nous deviendrons tous poètes, nous allons tous faire. . . (Danton)

3. Défense de l'environnement.
L'action pour les animaux n'est-elle pas une action humanitaire ?
Concours du meilleur avocat pour les rossignols, les cigognes et autres animaux en [m n ɲ].
Vous pouvez vous inspirer de J. Prévert (suite du poème du tome I p. 63).

L'émeu qui voudrait mourir et survivre
L'émeu qui voudrait vivre
... C'est ton spectacle.

[f] – [v]

sourde	sonore
tendue	relâchée

fricatives
labio-dentales
graves

Perception

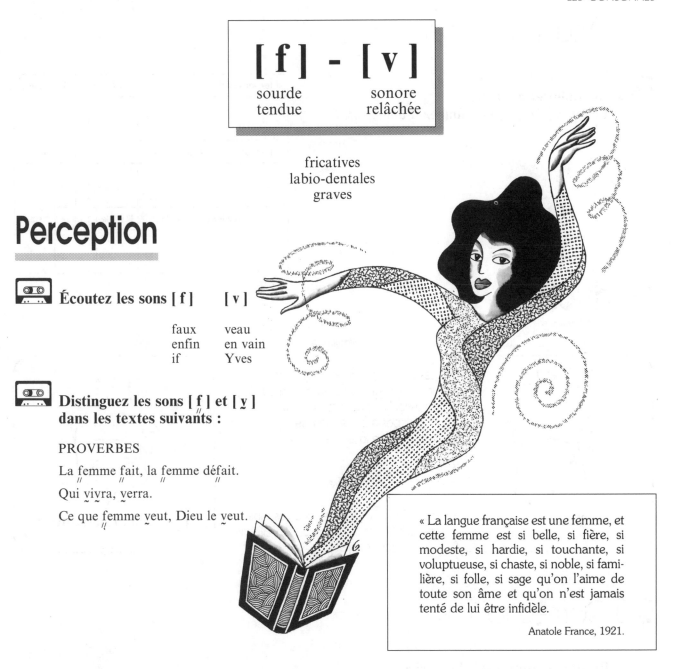

Écoutez les sons [f]   [v]

[f]	[v]
faux	veau
enfin	en vain
if	Yves

**Distinguez les sons [f] et [v]
dans les textes suivants :**

PROVERBES

La femme fait, la femme défait.

Qui vivra, verra.

Ce que femme veut, Dieu le veut.

« La langue française est une femme, et cette femme est si belle, si fière, si modeste, si hardie, si touchante, si voluptueuse, si chaste, si noble, si familière, si folle, si sage qu'on l'aime de toute son âme et qu'on n'est jamais tenté de lui être infidèle.

Anatole France, 1921.

TEXTE

« Il est une contrée qui te ressemble, où tout est beau, riche, tranquille et honnête, où la fantaisie a bâti et décoré une Chine occidentale, où la vie est douce à respirer, où le bonheur est marié au silence. C'est là qu'il faut aller vivre, c'est là qu'il faut aller mourir !

Oui, c'est là qu'il faut aller respirer, rêver et allonger les heures par l'infini des sensations. Un musicien a écrit l'*Invitation à la valse*, quel est celui qui composera l'*Invitation au voyage*, qu'on puisse offrir à la femme aimée, à la sœur d'élection ?

Oui, c'est dans cette atmosphère qu'il ferait bon vivre, là-bas, où les heures plus lentes contiennent plus de pensées, où les horloges sonnent le bonheur avec une plus profonde et une plus significative solennité. »

Ch. Baudelaire *Petits Poèmes en prose.*

Discrimination

Reproduisez ce tableau.
Écoutez [f], [v] et indiquez d'une croix :

si les sons sont	différents	identiques	
fa - va	+		
....			
....			
si les mots énoncés comportent	**[f]**	**[v]**	
veut		+	
....			
....			
si vous entendez [f] dans la	1ʳᵉ syllabe	2ᵉ syllabe	3ᵉ syllabe
favori	+		
....			
....			

Production

Similitude

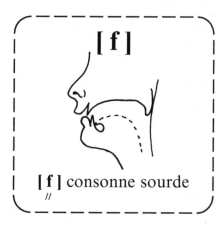

[f]

[f] consonne sourde

Les dents supérieures s'appuient bien sur la lèvre inférieure qui se dégage de leur pression sans abaissement du menton. L'air passe d'une manière continue entre la lèvre et les dents

Différence

Pour [v], les cordes vocales vibrent pendant toute l'émission du son. Elles ne vibrent pas pour [f].

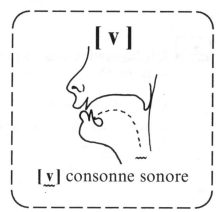

[v]

[v] consonne sonore

Correction

Répétez plusieurs fois l'exercice

1. * Pour bien distinguer [f] de [v]. Remarquez bien que pour **[f]** les cordes vocales ne vibrent pas alors que pour **[v]** elles vibrent. La lèvre inférieure se dégage de la pression des dents supérieures.

a) faim ...vin	b) défi ....dévie	c) passif ...passive
faux vos	enfin en vain	bref brève
fou vous	refus revue	neuf neuve

Va vite voir le film *Face à face* ! Il passe à neuf heures neuf.
Il a du savoir-faire, ce metteur en scène !
As-tu vu *Le fil à la patte* ? Est-ce une farce ou un vaudeville ?

---

*   Conseillé aux hispanophones, germanophones, Scandinaves, Chinois, à de nombreux Indiens et Africains...

A **Répétez plusieurs fois l'exercice**

D **2. ** Si [f] est prononcé avec trop peu de force.** Veillez à ne pas abaisser le menton pendant que la lèvre inférieure se dégage de la pression des dents supérieures. Le frottement continu de l'air doit être entendu.

a) fils	b) nef	c) Est-ce fait ? . . . .effet
fesse	nymphe	Est-ce fini ? . . . .enfin
face	neuf	Est-ce faux ? . . .enfant

Il a faim. Il a soif. C'est une sale affaire !
Fais face, mon fils, mais ne sois pas agressif !

D
A **3. *** Si le son [v] n'est pas sonore ou s'il ne l'est pas pendant toute la durée de son émission, [v] = [f] + ⌣.** Dégagez la lèvre inférieure de la pression des dents supérieures comme pour [f] en veillant à ce que les cordes vocales vibrent bien dès le début et jusqu'à la fin de la production de ce son.

a) avis	b) aime vanter . . . .vante	c) brièvement . . .brève
avant	aime voler vole	activement active
aveu	aime vouloir veux	vivement vive

Qu'il vive, revive, survive ! Vive la vie !

Stabilisation

Répondez à votre interlocuteur selon l'exemple donné.

1. Quelle opinion as-tu de Philippe et de Viviane ?
Lui, c'est un actif... mais elle, qu'est-ce qu'elle est passive !

Quelle opinion as-tu de Fabrice et de Valérie ?
Quelle opinion as-tu de Frédéric et de Virginie ?
Quelle opinion as-tu de Valentin et de Fabienne ?

2. Lyon, c'est une ville ?
Oui, c'est une ville française. Va vite la visiter !

Marseille, c'est une ville ?
Bordeaux, c'est une ville ?
Strasbourg, c'est une ville ?

3. Iras-tu à Cannes ?
Oui, pour voir le festival !

Iras-tu à Avignon ?
Iras-tu à Salzbourg ?
Iras-tu à Avoriaz ?

_____
** Conseillé à de nombreux Asiatiques, Indiens...
*** Conseillé aux hispanophones, germaniques, Scandinaves...

Relation son-graphies

Le son [f] peut s'écrire : *f* (facile), *ff* (difficile), *ph* (téléphone).

					Exceptions
	toujours		initiale :	*fée - phrase*	
			finale + e :	*carafe - étoffe* *philosophe*	
il se prononce	toujours	en position	médiale :	*café - surface - enfler* *buffet - téléphoniste*	
	presque toujours		finale absolue :	*œuf - bœuf - canif -* *chef - Joseph - neuf*	clef - nerf - œufs - bœufs - chef-d'œuvre - cerf et quelques noms propres...

■ **Mémorisation :** Comme c'est difficile la **ph**onétique !
                                        f   f

Mais comme ça **f**acilite l'orthogra**ph**e !
                    f   f

Le son [v] peut s'écrire : *v* (vie), *w* (wagon).

					Exceptions
	toujours		initiale :	*vous - Watteau*	water [watɛr] - week-end [wikɛnd]
il se prononce		en position	finale + e :	*rêve*	
	toujours		médiale :	*avoir - interviewer* *edelweiss*	« W » dans de très rares mots étrangers clown - bowling
[v] n'existe pas en position			finale absolue		quelques mots étrangers : leitmotiv - Tel Aviv - Tchékov

■ **Mémorisation :** Du Walhalla, il criait « Vive la Vie »
                              v   v v   v

Transcription

Mettez les signes phonétiques [f] et [v] et les symboles *//* et ⌣ chaque fois que vous trouvez des graphies correspondantes.

Exemple : Ce que femme veut, Dieu le veut.

Cette fois-ci, il voit. Il fait fi de la vie. Enfin, il a transformé l'eau en vin. Cette folle vole en vain... Le chat griffe la grive. La grève des médecins retarde la greffe. Sauve qui peut... sauf le chef. Avouez au fou, vos fautes. Yvonne téléphone.

Intonation

Lisez à haute voix le texte de l'exercice précédent en reproduisant le rythme et l'intonation de l'enregistrement ; ne réfléchissez plus aux mouvements articulatoires des sons étudiés qui doivent devenir automatiques.

Intégration

DICTÉE

Écrivez les graphies qui correspondent aux sons [f] et [v] dans les phrases suivantes :

Elles (f)ont bien	Quelle ga . e	Quel . ils	Il vous con . ie
Elles (v)ont bien	Qu'elle ga . e	Quelle . is	Il vous con . ie

Quelle re . ue	Il agra . e	. endez bien	Quelle . ille
Quel re . us	Il aggra . e	. endez bien	Quel . il

EXERCICES

1. Écrivez le féminin des mots suivants puis lisez-les.

Tardif, bref, négatif, neuf, vif, sauf, hâtif, pensif.

2. Écrivez une phrase avec chacun des verbes suivants : faire, venir, voir, fêter, verser, finir, vivre, former. Précisez à chaque fois le temps (futur, imparfait), le mode (indicatif, impératif, subjonctif, infinitif), la forme (active, passive), la proposition (négative, affirmative, interrogative).

Exemple : Je ne ferai pas ce travail. (Futur, indicatif, forme active, proposition négative.)

Distraction

JEUX

1. Jeu du vrai ou du faux.
Chaque étudiant compose une question comportant au moins un « f » et un « v ».

Deux étudiants mis en compétition doivent dire « vrai » ou « faux ».

Exemple : Venise est en Afrique ? Faux
9 + 9 = 18 ? Vrai

2. Jeu « Faites la fête ».
Choisissez une des fêtes et justifiez votre choix.

Fête de la musique	Fête des mères	Fête du muguet	Fête des vendanges	Fête des fleurs
Faites de la musique	Faites des cadeaux	Faites un vœu	Faites du vin	Faites un char

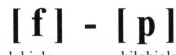

[f] - [p]
labiale   bilabiale
fricative   occlusive

sourdes
tendues
graves

Perception

 Écoutez les sons [f]   **[p]**

faux	pot
effet	épais
if	hip

 **Distinguez les sons [f] et [p]
dans les proverbes suivants :**

PROVERBES

Quiconque se sert de l'épée, périra par l'épée.

À force de forger, on devient forgeron.

Tel père, tel fils.

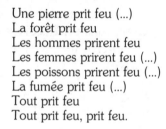

Une pierre prit feu (...)
La forêt prit feu
Les hommes prirent feu
Les femmes prirent feu (...)
Les poissons prirent feu (...)
La fumée prit feu (...)
Tout prit feu
Tout prit feu, prit feu.

E. Ionesco
La cantatrice chauve
© Gallimard.

Discrimination

 **Reproduisez ce tableau.
Écoutez [f], [p] et indiquez d'une croix :**

si les sons sont	différents	identiques	
pot - faux	+		
....			
si les mots énoncés comportent	**[f]**		**[p]**
fou	+		
....			
....			
si vous entendez [f] dans la	1ʳᵉ syllabe	2ᵉ syllabe	3ᵉ syllabe
passif		+	
....			
....			

Production

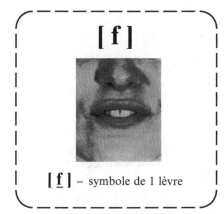

[f]

[f̲] – symbole de 1 lèvre

Similitude

Il n'y a pas de vibrations des cordes vocales ni pour [f] ni pour [p]

Différence

[f]. L'air est gêné dans sa sortie lorsque la lèvre inférieure appliquée se dégage de la pression des dents du haut.
[p]. L'air est bloqué dans sa sortie par les deux lèvres qui se joignent bien puis se séparent.

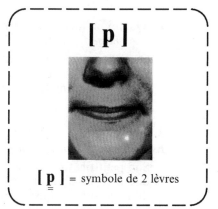

[p]

[p̲] = symbole de 2 lèvres

 Correction _c

D **Répétez plusieurs fois les exercices suivants* :**
en veillant pour [p] à momentanément bloquer l'air dans sa sortie par les deux lèvres qui s'appuient bien l'une sur l'autre avant de se séparer ;
en veillant pour [f] à laisser passer l'air avec un léger bruit de friction tout en dégageant la lèvre inférieure de la pression des dents supérieures. Ne baissez pas le menton pendant l'émission du son. Ne touchez pas la lèvre inférieure avec la lèvre supérieure.

1. ta paix ……. ça fait

     tes pots   c'est faux
     ton pou   son fou

2. a) paix …fait   b) dépôt …défie   c) bip ……biffe
     pot   faux   épais   effet   serpe   serf
     pou   fou   dépôt   défaut   houppe   ouf

3. a) pleure …fleur   b) parfait   c) pontife
     plan   flanc   pacifiste   impulsif
     prends   franc   perfection   frippe

Ce plan dépasse cette surface. C'est faux, il est parfait !
Il faut que Fabien parte ! Non, il ne peut pas. Il a « un fil à la patte » ! _c

---

* Conseillé aux étudiants du Moyen-Orient, de l'Inde et à certains Arabes, Asiatiques et hispanophones.

 Stabilisation

Répondez à votre interlocuteur selon l'exemple donné.

1. Quand on mange en France, est-ce qu'on met la main sous la table ?
Non, ça ne se fait pas.

    Quand on offre des fleurs, est-ce qu'on enlève le papier avant de les offrir ?
    Quand deux hommes se rencontrent, s'embrassent-ils sur les lèvres ?
    Quand on est invité à dîner, peut-on arriver très en retard ?

2. Son petit-fils va aller en Belgique.
Est-ce un pays francophone ? Va-t-il parler français ?

    Son petit-fils va aller au Canada.
    Son petit-fils va aller à Madagascar.
    Son petit-fils va aller en Suisse.

> « La langue française n'appartient pas à la France, elle appartient à tous ceux qui la parlent. »
>
> Extrait de la réponse de J. de Bourbon-Busset
> à la réception de P.J. Rémy
> à l'Académie française

Transcription

Mettez les signes phonétiques [f] et [p] et les symboles de l'utilisation d'une lèvre − et de deux lèvres = chaque fois que vous trouvez des graphies correspondant au son [f] et [p].

Exemple : Du fer pourquoi faire ? Du fer pour bien faire !

Ce pacifiste a tout fait pour la paix. Donne-lui du pain, il a faim. Il a fait l'affaire de sa vie en achetant la paire. Ce n'est pas bien de défendre de dépendre le linge. Il lui a posé un lapin, c'est la fin de leur histoire. Il est fier, Pierre. C'est un faon ou un paon ? La pie fait fi du ver.

 Intonation

Lisez à haute voix le texte de l'exercice précédent en reproduisant le rythme et l'intonation de l'enregistrement ; ne réfléchissez plus aux mouvements articulatoires des sons étudiés qui doivent devenir automatiques.

Intégration

 DICTÉE

Complétez les mots suivants selon la graphie qui convient au son [p] ou [f].

Qu'elle (p)ile	C'est un dé . ôt	C'est une gri . e	Qu'elle . leure
Qu'elle (f)ile	C'est un dé . aut	C'est une gri . e	Quelle . leur
C'est le . ère	C'est . rais	Ce sont les . orts	Qu'elle étou . e
C'est le . er	C'est . rêt	Ce sont les . orts	Quelle étou . e

EXERCICES

1. Écrivez une courte phrase avec les verbes savoir et pouvoir et lisez-la. Employez de préférence des mots comportant un [p] ou un [f] : parle, phrase, fermer, fantasme...

Exemple : Il sait parler français – Il peut fermer la fenêtre.

Pouvez-vous faire face au problème de l'emploi du savoir et du pouvoir ?

2. Créez et lisez des phrases complétées par un verbe comportant un [p] et commençant par *Il va faire. . .(partir)*
                         Il vient de faire. . .(partir)
                         Il faut. . .(partir)

3. Cherchez des mots formés avec le suffixe « phile » (signification « qui aime »),
                            « phobe » (signification « qui a horreur de »).

Exemples : Francophile - Francophobe.

Distraction

JEUX

1. La fête des prénoms.
Cherchez des prénoms français comportant le son [p]. Imaginez que vous avez un(e) ami(e) français(e) et souhaitez lui « bonne fête ».

Exemple : C'est la fête de Pierre. « Bonne fête Pierre ! »

2. Peut-on vivre sa vie en faisant... ?

Le fils fait la guerre

Et le père, qu'est-ce qu'il fait le père ?
Il fait des affaires
[...]
Il trouve ça tout naturel, le père
Et le fils et le fils
Qu'est-ce qu'il trouve le fils ?
Il ne trouve rien absolument rien, le fils
Le fils, sa mère fait du tricot, son père des affaires, lui la guerre
Quand il aura fini la guerre
Il fera des affaires avec son père...

J. Prévert
fragment de « Familiale » in Paroles © Gallimard.

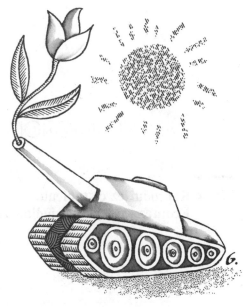

Pastichez ce poème de J. Prévert et dites ce que pourrait faire le fils... « la paix, peut-être »
Pourquoi pas ?

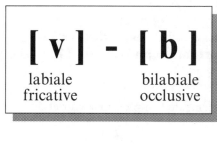

[v] - [b]
labiale   bilabiale
fricative   occlusive

sonores
relâchées
graves

Perception

 Écoutez les sons [v]   **[b]**

viens	bien
avis	habit
ove	aube

 Distinguez les sons [v̲] et [b̲] dans les proverbes suivants :

PROVERBES

V̲anité des v̲anités, tout est v̲anité.

Tu as b̲u le b̲on, b̲ois la lie.

B̲eauté sans b̲onté est comme v̲in év̲enté.

> Et les verres étaient vides
> et la bouteille brisée (...)
> Et toutes les étoiles de verre
> du bonheur et de la beauté
> resplendissaient dans la poussière (...)
>
> J. Prévert.
> Fragment de « Fiesta »
> in *Histoires*,
> © Gallimard.

Discrimination

 Reproduisez ce tableau.
Écoutez [v], [b] et indiquez d'une croix :

si les sons sont	différents	identiques	
viens - bien	+		
....			
....			
si les mots énoncés comportent	**[v]**	**[b]**	
banc		+	
....			
....			
si vous entendez [v] dans la	1re syllabe	2e syllabe	3e syllabe
baver		+	
....			
....			

Production

Similitude

Les cordes vocales vibrent pendant toute l'émission de ces deux sons

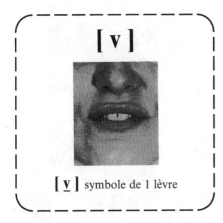

[v] symbole de 1 lèvre

Différence

[v]. L'air est gêné dans sa sortie lorsque la lèvre inférieure se dégage de la pression des dents du haut.
[b]. L'air est bloqué dans sa sortie par les deux lèvres qui se joignent bien puis se séparent.

[b]

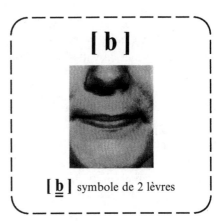

[b] symbole de 2 lèvres

🔊 Correction

D **Répétez plusieurs fois les exercices suivants* :**
en veillant pour [v] à dégager la lèvre inférieure de la pression des dents supérieures sans baisser le menton pendant l'émission du son. La lèvre supérieure ne doit pas toucher la lèvre inférieure ;
en veillant pour [b] à bien appuyer les deux lèvres l'une sur l'autre sans que la lèvre inférieure ne rentre sous les dents supérieures.
Les cordes vocales doivent vibrer dès le début et jusqu'à la fin de l'émission de ces deux sons.

1. Zazie vit .... débit. . .

Zazie va   débat
Zazie voit   des bois

2. a) vin....   bain   b) dévie....   débit   c) mauve....   aube
      vais   baie   hiver   hibernation   cuve   cube
      vous   bout   à vue   abus   grève   grèbe

3. a) vrai....   braie   b) bave....   verbe   c) sub venir   subvenir
      vlan   blanc   brevet   vibrer   sub vers   subversif

     Il va vite   Il bat bien   Il voit vite   Il boit bien
        Il va bien   Il voit bien
        Il bat vite   Il boit vite

Bienvenue en France ! Tu vas bien ? Oui, ça va bien.

Savez-vous où se trouve le boulevard du Belvédère ?
Oui. Je dois filer. Au revoir, à bientôt.

---

* Conseillé aux étudiants de langue espagnole, japonaise, arabe, turque et certaines langues du Moyen-Orient.

 Stabilisation

Répondez à votre interlocuteur selon l'exemple donné.

1. Voici, la vallée du Tarn.
Quelle belle vallée !

    Voici, la vallée de la Dordogne.
    Voici la vallée du Lot.
    Voici, la vallée du Loup.

2. Voici, ma copie.
C'est vite fait... et bien fait !

    Voici, mon devoir.
    Voici, ma rédaction.
    Voici, ma dissertation.

3. Voici l'avenue des Champs-Élysées !
C'est une belle avenue. Ce n'est pas un boulevard ?

    Voici l'avenue de la Grande-Armée.
    Voici l'avenue de Wagram.
    Voici l'avenue de Friedland.

    Autour de l'Arc de Triomphe, il y a douze avenues.
    Cherchez le nom des huit autres avenues.

Transcription

Mettez les signes phonétiques [v] et [b] et les symboles – une lèvre et = deux lèvres chaque fois que vous trouvez des graphies correspondantes.

Exemple : Qui vole un œuf, vole un bœuf.

Elle est à bout d'être à vous. Il a rattrapé le bol au vol. Il boit trop, il voit double ! La base du vase est sale. Il est beau, ce veau ! À ton avis, cet habit me va bien ? Viens nous voir bien vite, nous irons boire un bon verre de vin blanc ou si tu préfères une bonne bouteille de bière...

Intonation

Lisez à haute voix le texte de l'exercice précédent en reproduisant le rythme et l'intonation de l'enregistrement ; ne réfléchissez plus aux mouvements articulatoires des sons étudiés qui doivent devenir automatiques.

Intégration

DICTÉE

Complétez les mots suivants selon la graphie qui convient au son [v] ou [b].

Quelle (b)ile	Quelle . allée	Quel dé . it	C'est le . ent
Quelle (v)ille	Quel . alai	Qu'elle dé . ie	C'est le . anc

Quels . œufs	Quel grè . e	Ça . a . ien	Com . ien a . ez- . ous de cu . es ?
Qu'elle . eut	Quelle grè . e	Ça . at . ien	Com . ien a . ez- . ous de cu . es ?

EXERCICE

Mettez au pluriel les phrases suivantes et dites chaque fois que vous trouvez un adverbe : « l'adverbe est toujours invariable » et chaque fois que vous trouvez un adjectif : « l'adjectif est bien variable ».

Ce cher enfant me coûte cher. Tu es fort méchant mais ce garçon est plus fort que toi. Comme il sent bon, ce jasmin. C'est un battant, il montera haut. Ce bâtiment est haut. Il voit clair malgré tout. C'est un être peu fin mais bon. J'aime le ton clair de cette voix.

Distraction

JEUX

1. Voter est un devoir civique.
Dites pour qui, pour quoi vous votez (des personnages politiques, des choses ou des idées).

Exemple : Je vote pour la Beauté.
        Moi, je vote pour la Bonté, etc.
Ceux qui n'ont pas d'opinion disent : « Moi, je vote blanc ».

2. Proposez un slogan en employant des verbes comportant des [v] ou des [b] tels boire, vagabonder, verbaliser, vibrer, braver, bouleverser, vivoter, barboter et l'adverbe bien ou vite.

Exemple : Vivez bien ! ... Buvez vite !

[s] – [z]

sourde   sonore
tendue   relâchée

fricatives
dentales
aiguës

Perception

🖭 **Écoutez les sons [s]   [z]**

seau	zoo
assis	Asie
est-ce	aise

🖭 **Distinguez les sons [s] et [z] dans les textes suivants :**

PROVERBES

Santé passe richesse.

Comparaison n'est pas raison.

L'oisiveté est mère de tous les vices.

> « Pour qui sont ces serpents qui sifflent
> sur vos têtes ? »
> Racine, *Andromaque.*

TEXTE

Mon jeune et intelligent directeur me remet (...) la lettre suivante que je ne publie pas entièrement :

... Il s'agit aujourd'hui des différentes orthographes du son [sɑ̃], qui ondoient suivant la qualité, la couleur,

la température, etc [...] Vous dites « ce jeune homme sent bon mais [...] se fait beaucoup de mauvais sang »

Donc s,e,n,t quand c'est bon ; s,a,n,g, quand c'est mauvais.

De même, l'orthographe de ce mot varie avec la couleur.

Quoique le sang soit habituellement rouge, vous écrivez « faire semblant » s,e,m, et « sambleu ! » s,a,m [...]

Expliquez cela, s,v,p !

Ce n'est pas tout ; pourquoi écrivez-vous : « M. Barthou perdit "son sang-froid" s,a,n,g et Don Quichotte

perdit "son Sancho" s,a,n » ?

Je m'arrête, Monsieur le Directeur, car à insister dans cette voie, on se ferait tourner les sangs. Peut-être

M. Alphonse Allais trouvera-t-il que je n'ai pas le sens commun ?

A. Allais « Philologie » in *Œuvres anthumes,* tome 2
© La Table Ronde (adaptation).

Zinnias, mes beaux zinnias, vous n'avez plus aucun pouvoir. Ah ! que ne suis-je à Zanzibar avec Zénaïde ou

Zoé ! J'ai souvent souhaité vivre en ce paysage de rêve, assis sur le Z majuscule [...] jusqu'au zigzag

suprême et jusqu'au zut définitif.

G. Duhamel, *Fables de mon jardin* © Mercure de France.

Discrimination

 Reproduisez ce tableau.
Écoutez [s], [z] et indiquez d'une croix :

si les sons sont	différents	identiques
si - si		+
si les mots énoncés comportent	**[s]**	**[z]**
sans	+	

si vous entendez [z] dans la	1re syllabe	2e syllabe	3e syllabe
décision			+

Production

[s]

[s] consonne sourde

Similitude

La langue est en bas des dents inférieures
L'air sort d'une manière continue.

Différence

Pour [z] les cordes vocales vibrent pendant toute l'émission du son. Elles ne vibrent pas pour [s].

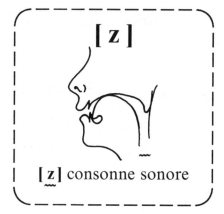

[z]

[z] consonne sonore

 # Correction

Répétez plusieurs fois l'exercice

1. * Si [s] est prononcé la pointe de la langue insuffisamment abaissée. Veillez à bien garder la pointe de la langue en bas pour **[s]** comme pour **[k]**.

qui. . .quai. . .qui
qui. . .c'est. . .qui
↓   ↓   ↓
Qui est-ce ? Gaspard, un doux lascar !

Qu'est-ce ? C'est la caisse ! C'est sec ? C'est sûr ?

Qu'est-ce que c'est ? Des disques ! Qu'est-ce que c'est que ça ? Des sacs !

Si Sophie sait ça, elle risque... de se servir !

Qui est-ce qui dit « S » ...si bien ? Est-ce toi ?

---

* conseillé aux hispanophones, aux Scandinaves mais aussi à tous ceux pour lesquels les sons **[z - ʃ - ʒ]** sont difficiles (Malgaches, certains Africains, Grecs...).

2. ** **Pour bien distinguer [s] de [z].** Remarquez bien que pour [s] les cordes vocales ne vibrent pas alors que pour [z] elles vibrent.

a) **[s]**　　　**[z]**　　b) **[s]**　　　**[z]**　　c) **[s]**　　　**[z]**

sel ....zèle	essai ....aisé	est-ce ...aise	Saisis
cède	zed	assis	Asie	casse	case	
sauna	zona	haussons	osons	douce	douze	Saisissons
Saone	zone	coussin	cousin	vis	vise	
C'est bu	zébu	baisser	baiser	laisse	lèse	Saisissez

Est-ce Eze[1] ?

Zazie s'assit. La sotte zozotte. Elle veut douze doses de tisane douce. Ah ! zut alors !

Suzanne soupèse les essences avec aisance.

3. *** **Si le son [s] en position préconsonantique est prononcé [εs].**

a) lassɇ ta tu　　b) lassɇ ta sion　　c) laissɇ faire　　d) ça sɇ cultive　　e) lascar
　la statue　　　　　la station　　　　les sphères　　　sa sculpture　　　la scarlatine

C'est une espèce...spéciale　　　C'est un espace...spacieux　　　Ça sɇ lave ! Slave ! Esclave !

Elle a de l'esprit, elle est spirituelle ! Est-ce... spécial pour hispanophones ?

4. **** **Si le son [z] n'est pas assez sonore ou s'il ne l'est pas pendant toute la durée de son émission [z] = [s] + .** Gardez la pointe de la langue contre les dents du bas comme pour [s] et répétez en veillant à ce que les cordes vocales vibrent dès le début et jusqu'à la fin de la production de ce son.

a) gazer　　　　b) aime Zaza, Zazie　　c) gaz mauvais ....gaz
　↓　　　　　　↓　↓　↓　↓　　　　↓　　　　　↓
aiguiser　　　amusez Zoé　　　　　aiguise mieux　　aiguise
gazon　　　　aime zigzaguer　　　gréser mieux　　grèse

Ne zigzaguez pas avec la gazelle sur le gazon ! À votre guise, Monsieur Guise !

🎙 Stabilisation

Répondez à votre interlocuteur selon l'exemple donné.

1. Savez-vous combien de fois vous avez vu *Le Cid* ?
Nous savons. Nous avons vu ce spectacle dix fois... douze fois peut-être !

　Savez-vous combien de fois vous avez vu *Bérénice* ?
　Savez-vous combien de fois vous avez vu *Les précieuses ridicules* ?
　Savez-vous combien de fois vous avez vu *Une saison en enfer* ?

1.　Village pittoresque de Provence.
**　conseillé à tous.
***　conseillé aux hispanophones.
****　conseillé aux Germaniques, aux hispanophones, aux Scandinaves, aux Chinois...

2. On me propose de visiter le Sahara.

Saisissez vite... cette occasion de visiter un désert.

    On me propose de visiter le Sinaï.
    On me propose de visiter le Sahel
    On me propose de visiter la Vallée de la mort.

> Les enfants qui s'aiment ne sont là
> pour personne
> Ils sont ailleurs bien plus loin que la
> nuit
>
> J. Prévert. Fragment de
> « Les enfants qui s'aiment » in « Spectacle »
> © Gallimard.

3. Lise et Stéphane sont-ils mariés ?

Ils sont mariés, ils s'aiment. Ils ont deux enfants qu'ils aiment beaucoup.

    Alice et Désiré sont-ils mariés ?
    Isabelle et Fabrice sont-ils mariés ?
    Cécile et Joseph sont-ils mariés ?

Relation son-graphies

Le son [s] peut s'écrire : *s* (si), *ss* (assez),

        c + *e i* (ceci)

        ç + *a o u* (ça-garçon-déçu)

        ti + voyelle (inertie-initier-essentiel-nation-ambitieux...)

        x (dix-six-soixante...)

s (1) *ss* (2)

				Exceptions
(1) **s** se prononcent [s] (2) **ss**	(1) **toujours**	**en position initiale :**	*son - sa - ses*	
	(1) **souvent**	**en position finale + e**	précédé d'une consonne ou d'une voyelle nasale : *course - pense*	(précédé d'une voyelle voir [z])
	(2) **toujours**	**en position finale + e**	*lisse*	
	(1) **souvent**	**en position médiale**	précédé ou suivi d'une consonne : *valser - presque*	Subsister (et ses dérivés) - Alsace - Elsa [z] [z] [z]
			précédé d'une voyelle nasale ou d'un préfixe bien distinct : du radical *pension - vraisemblable*	mesdames - mesdemoiselles - desquels - lesquels et quelques noms propres : Fresnes - Suresnes - Daumesnil...
	(2) **toujours**	**en position médiale**	*assez - dessus*	
	(1) **très rarement**	**en position finale absolue**	*tiens - les tiens* (terminaisons verbales et marque du pluriel) *Paris - bois - dos - mais - bras - pays - après*	*mots d'origine savante :* oasis - bis - gratis - jadis - iris - lis - vis - maïs - express - as - atlas - os - bus - virus - sens... tous et plus (dans certains cas)

c sc + e i y (3) $ç$ + a o u (4)

				Exceptions
(3)(4) se prononcent [s]	**toujours**	**en position**	(3) (4) **initiale** : *ceci - cygne - science - ça*	
			(3) **finale + e** : *pouce - pince*	
			(3) (4) **médiale** : *ceci - abcès - descendre* *garçon - français - perçu*	
(3) (4) n'existent pas en position finale absolue				

ti (non précédé de « s » ou « x ») + e er el on al ien eux... (5)

				Exceptions
se prononce toujours **[t]** en position initiale				
			médiale : *démocratie - inertie* *initier - balbutier* (verbes) *essentiel - confidentiel* *nation - portion* (noms) *spatial(aux) initial(aux)* *capétien* *minutieux - ambitieux*	voir **[t]** p. 95 sortie - partie - ortie - sotie **[t]** **[t]** **[t]** **[t]** chantier - bijoutier - métier (noms) **[t]** **[t]** **[t]** (nous) inventions - (nous) portions (verbes en « ter ») **[t]** **[t]** (il) contient (composés de « tenir ») **[t]**
se prononce	**souvent [s]**	**en position**		

x = **[s]** dans certains mots : six - dix - soixante - coccyx - Bruxelles - Auxerre et dans quelques noms propres... (voir « x » page 53).

■ **Mémorisation :** Es-tu reçu, mon garçon ? Dix ! ça c'est bien ! Il est si essentiel
pour la nation d'avoir des citoyens initiés aux sciences spatiales et déterminés à combattre l'inertie.
Est-ce trop ambitieux ?

Le son **[z]** peut s'écrire : z (zéro) (1)

s entre deux voyelles et en liaison (Asie - les amis) (2)

x quelquefois (dixième) et en liaison (dix amis) (3) voir « x » p. 53

				Exceptions
	toujours (1)	**en position initiale :**	*zone - zeste*	
	toujours (1) (2)	**en position finale + e :**	*gaze - onze - douze -* *rose - aise*	(2) après voyelles nasales
[z] se prononce	**toujours** (1) **très souvent** (2) **quelquefois** (3)	**en position médiale :**	*gazon - azur* *oser - usage* *dixième - deuxième*	mots dans lesquels « s » est précédé d'une voyelle nasale ou d'un préfixe - voir **[s]** pensée - monosyllabe **[s]** **[s]**
	rarement (1) (2) (3)	**en position finale absolue :**	*nez - assez - riz - dînez* *sors - livres - mes - deux* voir « x » p. 53	gaz en liaison : mes amis - deux amis

■ **Mémorisation :** Zazie a visité dix-huit îles d'Asie. Est-ce la deuxième ou la

dixième fois qu'elle les a visitées ?

Transcription

Mettez les signes phonétiques [s] et [z] et les symboles ⁄⁄ et ‿ chaque fois que vous trouvez des graphies correspondantes.

Exemple : Ils‿ont faim, ils ſont affamés.

Ils ont soif, ils sont assoiffés. Cette boisson est un poison. Je te conseille cette glace qui s'appelle « le dessert du désert ». Il assure que ses yeux sont d'azur. Ils s'aident lorsqu'ils aident les autres. Ils aiment leurs enfants mais est-ce qu'ils s'aiment ? Chacun de leur côté, ils apprennent beaucoup de choses qu'ils s'apprennent ensuite. Nous savons que nous avons deux heures à attendre ces deux sœurs.

Intonation

Lisez à haute voix le texte de l'exercice précédent en reproduisant le rythme et l'intonation de l'enregistrement ; ne réfléchissez plus aux mouvements articulatoires des sons étudiés qui doivent devenir automatiques.

Intégration

 DICTÉE

Ajoutez dans les blancs, quand cela est nécessaire, une des graphies qui correspond au son [s] ou [z] dans les mots suivants.

Quel (z)èle	Ils li . ent	Ils écrivent	Il vi . ait	
Quel (s)el	Ils li . ent	Ils . 'écrivent	Il vi . ait	
C'est ca . é	Ils attendent	Les pou . es	Les . ieux	Dis . ent
C'est ca . é	Ils . 'attendent	L'épou . e	Les yeux	Di . ans

EXERCICES

1. TOUS et les [s]. Lisez les phrases suivantes après avoir barré les « s » qui ne se prononcent pas ; indiquez-les lorsqu'ils se prononcent dans le mot « tous ».

Exemple : Touſ pour un, un pour tous... et touſ les jours, s'il vous plaît !

Tous nos amis sont venus. Tous savent le français mais ils parlent tous à tort et à travers. Tous les sons du français ne sont pas faciles à prononcer. La phonétique est au service de tous ! Que tous l'étudient !

2. PLUS, les [s] et les [z]. Lisez les phrases suivantes après avoir barré les « s » du mot « plus » qui ne se prononcent pas ; indiquez-les lorsqu'ils se prononcent [s] ou [z].

Exemple : Plus‿on est de fous, plus‿on s'amuse. Amènes-en plus ! Il n'y en a pluſ !

Ces fous, ils ne sont plus du tout à leurs études ! Ils ne vont plus à l'université. Ils ne savent même plus lire 1 plus 1, deux ! Leurs parents se font beaucoup de soucis et ils s'en font plus depuis qu'ils savent leurs enfants plus intéressés par la télévision que par leurs études. Sylvain est plus bête que méchant. Lui, il en fait toujours plus mais il n'en peut plus.

3. Logique ou non ?
Dictez à vos camarades des phrases créées avec les mots : démocrate - diplomate - prophète - aristocrate et leurs dérivés en « ie » et « ique ».
Quelles constatations faites-vous ?

4. Avec les préfixes, suit-on toujours la règle « s » entouré de 2 voyelles = [z] ?
Choisissez parmi les préfixes suivants « para, tourne, aéro, entre, a, contre, vrai, pré, mono, anti, co, trans » ceux qui s'adaptent aux mots suivants : « sol, symétrie, semblable, sens, sémite, syllabe, sélection, signataire, atlantique » et lisez-les.

5. Écrivez le verbe « placer » à la 3ᵉ personne du singulier, à la 1ʳᵉ et à la 2ᵉ personne du pluriel, au présent, à l'imparfait, au futur et au passé simple.
Écrivez le verbe « s'apercevoir » à la 3ᵉ personne du singulier du présent, de l'imparfait, du passé simple et du passé composé.
Lisez et faites une constatation.

6. Comment s'y retrouver ? Cherchez les [s] et les [t].

Il faut l'initier à ce nouveau métier – Nous inventions toujours de nouvelles inventions – Cet Égyptien se maintient bien – C'est une question de relation – Initialement, c'est bestial ! Nous portions douze portions de riz, et vous, combien en portiez-vous ?

Distraction

JEUX

1. Classe de calcul mental. Lisez et donnez le résultat. 🝖

douze plus treize =	sept plus seize =	quatre-vingt-douze plus cent =
six plus treize =	cinq plus douze =	soixante et onze plus soixante =
dix plus dix =	cent plus onze =	dix-huit plus quatorze =
douze plus deux =	onze plus dix-sept =	dix-neuf plus quinze =

C'est la disette, j'en veux 17. Faites la différence ! ... phonétique...

2. « Être » ou « Avoir ».

À tour de rôle les étudiants disent une phrase sur le modèle suivant :
    Ils ont du courage, ils sont courageux.
Si l'un des participants ne trouve pas de phrase, il devra dire :
    Sot, ose . . . sauter

* Ceux qui ne sonorisent pas assez le « s » final, devront dire :
    Sot, ose aimer !
Ceux qui sonorisent trop le « s » initial devront dire :
    Est-ce sot d'oser aimer ?

---

* spécialement recommandé aux germanophones.

X et C

Je suis sans identité propre
Je peux ne pas être prononcé
ou être prononcé **[z] [s] [gz] [ks]**
Qui suis-je ? **Monsieur « x »**

« muet » placé devant une consonne ou un « h » aspiré :

   dix maîtres dix Hollandais
   [di]   [di]

mais aussi dans un certain nombre de mots tels : deux, prix, crucifix, perdrix, choix, voix, noix, croix, flux (« eux » dans beaucoup de mots) : joyeux, ambitieux et (la marque du pluriel) bijoux, égaux, feux, etc.

prononcé [z] en liaison devant une voyelle ou un « h » muet :

   dix‿élèves dix‿hommes
    z   z

mais aussi dans quelques mots : deuxième, dixième, sixième...
         z   z   z

prononcé [s] dans de rares cas :

   six dix soixante Bruxelles
   s   s   s   s

prononcé [gz] dans les mots commençant par « ex », « hex » suivi d'une voyelle et dans le nom « Xavier » :

   examen   exercice
   [εgzamɛ̃]   **[εgzεʀsis]**

prononcé [ks] dans la plupart des autres cas :

excuse	exterminer	taxi	boxeur	sexe	thorax
[εkskyz]	**[εkstεʀmine]**	**[taksi]**	**[bɔksœʀ]**	**[sεks]**	**[tɔʀaks]**

Correction [ks]

Répétez l'exercice en gardant bien la pointe de la langue en bas pour [ks].

c'est tic - tac-ci (bis) ces mecs-sic (bis) c'est du toc-sic (bis) un neck, c'est...
  k s   k s   k s   k s
  tak si   mεk sik   tɔk sic   εk sε
  taxi   Mexique   toxique   un excès

ces tecks-ci (bis) il a ex paix riz mens thé (bis) c'est mon ex cuve (bis)
c'est excité   il a expérimenté   c'est mon excuse

Cet excité, avec son taxi taxé, a provoqué un accident au Mexique.
  ks   ks ks   ks   ks

Son excuse , c'est qu'il a expérimenté un produit toxique ! C'est exprès ?
  [εkskyz]   **[εkspeʀimãte]**   **[tɔksik]**   **[εkspʀε]**

Le tocsin a sonné pour ce toxicomane !
  ks   ks

 Correction [gz]

Après avoir répété correctement les premières lignes, lisez uniquement ce qui est transcrit phonétiquement.

Aigues Mortes - des ‿airs de gitans - six-
[ɛg   **zɛR**   **sis**]   exercice

Aigues Mortes - des ‿amis - main
[ɛg   **za**   **mɛ̃**]   examen

Aigues Mortes - des ‿eaux - nez - ré
[ɛg   **zo** **ne** **Re**]   exonéré

Il a fait tant d' exercices   qu'il est   exonéré des droits d' examen !
       [ɛgzɛRsis]   **[ɛgzoneRe]**   **[ɛgzamɛ̃]**

c à la recherche de son identité phonétique

[k]		[s]		[ks]	
C + consonne	tact				
C + a-o-u	coca cube	**Ç + a-o-u**	ça garçon reçu		
CC + a-o-u	accabler accord accuser				
cu + e-i	cueille cuillère	**C + e-i**	ceci	**CC + e-i**	accès accident

Répétez et dites pourquoi deux « c » devant « e » ou « i » font [ks] ?
deux « c » devant « a » ou « o » ou « u » font [k] ?

a) Répétez les syllabes écrites en gras avant de regarder la 3ᵉ ligne

action k	**ac**tion k
ces s	**ci**néma s
accès ks	**acc**ident ks

b) Répétez les syllabes écrites en gras avant de lire le 3ᵉ mot en ne prononçant qu'un seul [k]

action k	**ac**tion k	**ac**tion k
cassé k	**cor**diale k	**cu**vée k
accaparer k	**acc**ord k	**accu**s k

EXERCICES

1. Mettez les signes phonétiques qui conviennent sous les « c/cc » et lisez le texte suivant :

Il a été accaparé par l'accumulation des accords accélérés de l'Occident sur le cacao et le cuivre. Il travaille comme un forçat et cumule toutes les fonctions. Il est accueilli et reçu partout, il ne rate aucune occasion de se faire remarquer. Ceci est bien agaçant, mon garçon !

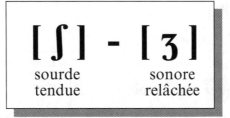

[ʃ] - [ʒ]

sourde   sonore
tendue   relâchée

fricatives
palatales
aiguës

Perception

 Écoutez les sons [ʃ]   [ʒ]

chou   joue
haché   âgé
hanche ange

 Distinguez les sons [ʃ] et [ʒ] dans les textes suivants :

PROVERBES

Quand le chêne est tombé, chacun se fait bûcheron.

Jeu de main, jeu de vilain.

Le jeu ne vaut pas la chandelle.

TEXTE

Chérie viens près de moi

Ce soir je veux chanter

Une chanson pour toi.

Une chanson sans larmes

Une chanson légère

Une chanson de charme.

Le charme des matins.

...

Le charme des étangs

Le charme des prairies

Que l'on fauche en été

Pour pouvoir s'y rouler.

Boris Vian
« Chanson de Charme » in
Cantilènes en gelée.
© C. Bourgois.

(...) Moi qui suis en ménage

Depuis... ah ! il y a bel âge ! (...)

Qui ton manège mène

Pour mener ton ménage !

Ménage ton ménage

Manège ton manège

Ménage ton manège

Manège ton ménage

Mets des ménagements

Au déménagement

Les manèges déménagent

Ah ! vers quels mirages ?

Dites pour quels voyages

Les manèges déménagent

Max Jacob. Fragment de « Avenue du Maine »
in *Saint Matorel* © Gallimard.

Discrimination

 Reproduisez ce tableau.
Écoutez [ʃ], [ʒ] et indiquez d'une croix :

si les sons sont	différents	identiques	
chez - j'ai	+		
si les mots énoncés comportent	**[ʃ]**	**[ʒ]**	
chat	+		
si vous entendez [ʒ] dans la	1ʳᵉ syllabe	2ᵉ syllabe	3ᵉ syllabe
chargement		+	

Production

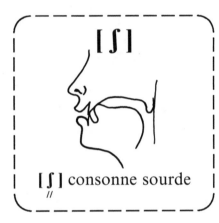

[ʃ]

[ʃ] consonne sourde

Similitude

La pointe de la langue est relevée
vers le palais
l'air passe d'une manière continue.

Différence

Pour [ʒ], les cordes vocales vibrent
pendant toute l'émission du son. Elles ne
vibrent pas pour [ʃ].

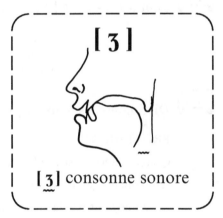

[ʒ]

[ʒ] consonne sonore

 ## Correction

Répétez plusieurs fois l'exercice

D **1.** * **Si [ʃ] est prononcé la pointe de la langue insuffisamment relevée.** Veillez à bien garder la pointe de la langue en bas pour [s] et à ne pas prononcer [ʃ] avant de l'avoir bien relevée et reculée vers le palais. **C**

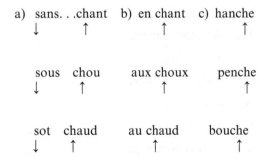

a) sans...chant b) en chant c) hanche
   ↓   ↑   ↑   ↑

   sous chou   aux choux   penche
   ↓   ↑   ↑   ↑

   sot chaud   au chaud   bouche
   ↓   ↑   ↑   ↑

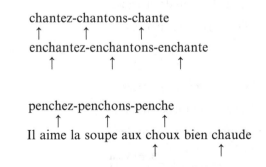

chantez-chantons-chante
   ↑   ↑   ↑
enchantez-enchantons-enchante
      ↑   ↑   ↑

penchez-penchons-penche
   ↑   ↑   ↑
Il aime la soupe aux choux bien chaude
                      ↑   ↑

---

* Conseillé à tous

D **2.** * **Pour bien distinguer [ʃ] de [ʒ].** Remarquez bien que pour [ʃ] les cordes vocales ne vibrent pas alors que pour [ʒ] elles vibrent [ʒ] = [ʃ] + ͜. Gardez bien la pointe de la langue relevée et reculée pour [ʒ] comme pour [ʃ].

a) chou. . .joue   b) tes chats. . .**déjà**   c) bouche. . .**bouge**
   ↑   +͜   ←   ↑   +͜   ↑   +͜

chant	Jean	tes chants	des gens	manche	mange
« che »	je	l'échelle	dégel	lynche	linge
chez	j'ai	hachis	agit	hanche	ange

Nous chantons - Je chante - J'ai chanté
   ↑   ↑   ↑   ↑   ↑
Nous jouons   - Je joue   - J'ai joue
Nous changeons - Je change - J'ai changé

L'angelot déchu est tombé de l'échelle ! Qu'il change vite d'échelle !

Répétez plusieurs fois l'exercice

D **3.** ** **Si le son produit est [tʃ].** La pointe de la langue appuyée contre les dents du haut pour [t], se relève plus haut et plus en arrière pour émettre [ʃ].

a) touchons   b) touche   c) chantons   Mouche ta bouche[1], mon chou !
   ←   ↑   ↑   ↑   ↑   ↑   ↑
   tâchons   tâche   chaudement   Ta tanche t'enchante-t-elle, Achille ?
   ton champ   tanche   chaton   ↑   ↑   ↑

D **4.** *** **Si les exercices 1 et 3 ne sont pas suffisants pour la correction de [ʃ].** Aidez-vous de [l]. Veillez à remonter et à reculer un peu plus la langue pour [ʃ] que pour [l].

a) louchons   b) louche-le. . .louche   c) chaloupe   Lâchons la mouche.
   ↑   ↑   ↑   ↑   ↑   ↑
   lâchons   lâche-le   lâche   chaland   Il est louche, Louis !
   lèchons   lèche-les   lèche   châle   Prends une louche de soupe

D **5.** ** **Si le son produit pour [ʒ] est [dʒ].** La pointe de la langue, appuyée sur les dents du haut pour [d], doit reculer et se relever plus haut pour émettre [ʒ].

a) doux. . .Joue   b) d'Auge   c) donjon   Deux gendarmes campent dans le donjon !
   ←   ↑   ←   ↑   ←   ↑
   dent gens   d'ange   deux jeux   Où est le danger ?
   dont jonc   d'âge   du jus

D **6. *** Si les exercices 2 et 5 ne sont pas suffisants pour la correction de [ʒ].**
Appuyez légèrement la langue contre les dents du haut pour [l] puis remontez-la et reculez-la davantage pour émettre [ʒ].

a) elle joue	b) en joule	c) bouge-le .... bouge
elle gèle	en geôle	loge-le loge
belle geôle	Angèle	lange-le lange

Angèle a mis en joue le gendarme. Elle est en geôle maintenant. Elle tente d'enjôler son geôlier.

D **7. **** Si le son [ʒ] n'est pas sonore ou s'il ne l'est pas pendant toute la durée de son émission.** Veillez à ce que les cordes vocales vibrent dès le début et jusqu'à la fin de la production de ce son.

a) bougeons	b) aime jouer	c) loge-moi .... loge
bougeant	aime Jean	l'ange m'aime l'ange
logeons	aime Gilles	bouge mieux bouge

Loge-moi ! Mes bagages me suivent ! Quel ange tu es !

 Stabilisation

Répondez à votre interlocuteur selon l'exemple donné.

1. Voilà la partition de *Pelléas et Mélisande*.
Je la joue. Et toi, tu veux bien la chanter ?

  Voilà la partition de *La Damnation de Faust*.
  Voilà la partition de *Faust*.
  Voilà la partition de *Carmen*.

  Connaissez-vous les compositeurs ?

2. Où ai-je mis ma trousse de voyage ?
C'est dans tes bagages, cherche bien !

  Où ai-je mis mon chapeau ?
  Où ai-je mis ma jupe ?
  Où ai-je mis mon chemisier ?

3. Vous m'aviez dit que vous viendriez jeudi.
Nous changeons toujours d'avis, c'est comme ça !

  Vous m'aviez dit que vous viendriez dimanche.
  Vous m'aviez dit que vous feriez ce match.
  Vous m'aviez dit que vous participeriez à ce jeu.

*** Déconseillé à tous ceux qui ne font pas, avec facilité, la distinction entre [R] [l]...
**** Conseillé aux germaphones, aux Chinois, aux Scandinaves, aux hispanophones...

Relation son-graphies

Le son [ʃ] peut s'écrire : *ch* (chat), *sch - sh* (schéma - shérif)

il se prononce				Exceptions
	presque toujours		initiale : chez - schiste - shérif	quelques mots savants : **chaos** [k] **chorale - christ - chlore - chœur** [k] [k] [k] [k]
	toujours		finale + e : vache - poche	
	généralement	en position	médiale : achever - architecte	quelques mots savants : **écho** [k] **lichen - eucharistie - psychiatre** [k] [k] [k] **orchestre - Bacchus - saccharine - technique** [k] [k] [k] [k]
	très rarement		finale absolue : almanach	**Foch - lunch** [ʃ] [ʃ] **Sandwich** [tʃ] mots étrangers : **varech - Zurich** [k] [k]

■ **Mémorisation :** Dois-je écrire « le cœur » ou « le chœur » du **cher**cheur ?
ʃ ʃ

Le son [ʒ] peut s'écrire : *j* (je)
ge + a o u (geai - pigeon - gageure)
g + e i (genou - girafe)

il se prononce	toujours	en position	initiale : je - gifle - gêne - geai - geôle	Exceptions
			finale + e : neige - ai-je	
			médiale : sujet - objet - léger - agir - belge - bourgeon - exigeant - gageure	
il n'existe pas en position finale absolue				

■ **Mémorisation :** Les girafes mangent-elles de la guimauve ? Le genou de la
　　　　　　　　　　3　　　　　　　3　　　　　　　　　　　　　3
guenon est-il brisé ? **G**ai, gai est le **g**eai !
　　　　　　　　　　　3
Un **g**igot pour **G**eorges ! Est-ce une **g**ageure, **G**ustave, ou un ga**g** ? **J**e ga**g**e que oui !
　　3　　　　　3　　3　　　　　　　　3　　　　　　　　　　　　　　3　　3

Transcription

Mettez les signes phonétiques [ʃ] et [ʒ] et les symboles // et ‿ chaque fois que vous trouvez des graphies correspondantes.

Exemple : Achille est agile, dit-on.

Personne n'ose bouger devant le boucher. Il agit vite et fait vite du hachis. Tu bouges toujours la bouche, tu ne devrais pas. Le chien mange la manche de mon gilet. La chatte blanche a déjà renversé la jatte de lait des chats de Jean. Ton chapeau a la même couleur que ton jabot. Le chêne me gêne pour prendre la photo. Les cageots sont dans le cachot.

Intonation

Lisez à haute voix le texte de l'exercice précédent en reproduisant le rythme et l'intonation de l'enregistrement ; ne réfléchissez plus aux mouvements articulatoires des sons étudiés qui doivent devenir automatiques.

Intégration

DICTÉE

Complétez les mots suivants selon la graphie qui convient au son [ʃ] ou [ʒ].

Quel (ch)oix	C'est la bè . e	J'ai déga . é	C'est lé . é
Quelle (j)oie	C'est la bei . e	J'ai des ca . ets	C'est lé . er
Elle se fi . e	C'est une ca . e	C'est pour . eter	Quelle . aîne
Elle se fi . e	C'est une ca . e	C'est pour a . eter	Qu'elle . êne

EXERCICES

1. Mots savants [k] ou mots courants [ʃ].
Lisez les mots suivants après avoir cherché dans chaque ligne le mot qui se prononce avec [ʃ].

chœur	orchestre	chanter	chorale
chameau	écho	orchidée	chaos
Christ	archange	chemin	eucharistie
chercheur	technique	chrome	saccharine
varech	archéologue	lichen	architecte

2. [ʒ] = « j » ou « g » ?
Avec les mots suivants faites une liste de mots commençant par [ʒ] et une liste de mots finissant par [ʒ].
Que constatez-vous ?

je - nage - jambe - tige - ai-je - neige - jamais - changer - joie - geai - jeune - berge - jaune - genou - ange - luge - joue - jus.

3. « g » à la recherche de son identité.

	[g]		[ʒ]
g + consonne	gris		
g, gg + a o u	gamme	**ge + a o u**	mangea
	gomme		mangeons
	Gustave		gageure
	agglomération		
	toboggan		
gu + e i	guenon	**g + e i**	girafe
	gui		genou

gg + e i = [gʒ] suggérer [sygʒeʀe]

Suis-je [g] ou [ʒ] ? Cherchez-moi et lisez-moi !

gigot - rouge-gorge - gain - geint - gueule - gageure - gorgée - la Gaule - goguenard - guerre - gère - gigantesque - légume - gageons - guetter - guêpe - pigeon - gaine - église - grâce - suggérer - dogme.
Ce geai est bien gai ! Le guide de Gide.

Distraction

JEU[1]

Trajet en métro avec changements.

Un ami vous donne rendez-vous à la station « Notre-Dame-des-Champs ».
Trouvez dans quel quartier se situe cette station.
Vous suivez le trajet de la ligne de métro qui dessert cette station et vous voyez que c'est la ligne 12 qui va de « Mairie d'Issy » à « Porte de la Chapelle ».
Vous habitez près de la station « Liège » sur la ligne 13.

Dites ce que vous faites.

« Je prends à Liège, la ligne 13 (treize) Direction Chatillon-Montrouge.
Je change à Saint-Lazare et je prends la ligne 12 (douze) direction Mairie d'Issy et je descends à Notre-Dame-des-Champs ».

Les étudiants se donnent rendez-vous à une station dont le nom comporte obligatoirement un des sons [s-z-ʃ-ʒ] et qui exige au moins un changement. Chacun doit dire ce qu'il fait, trouver le parcours le plus court et bien prononcer tous les [s-z-ʃ-ʒ].

---

1. Pour ce jeu, vous devez vous procurer un plan du métro parisien.

$$[\text{s}] - [\text{z}] - [\text{ʃ}] - [\text{ʒ}]$$

 Écoutez : Qui va à la chasse perd sa place.

Cœur qui soupire n'a pas ce qu'il désire.

Jeu de main, jeu de vilain.

Discrimination

 Reproduisez ces tableaux.
Écoutez [s], [ʃ] et indiquez d'une croix :

si les sons sont	différents	identiques
c'est - chez	+	
. . . .		
. . . .		
si les mots énoncés comportent	**[s]**	**[ʃ]**
chat		+
. . . .		
. . . .		

si vous entendez [ʃ] dans la	1ʳᵉ syllabe	2ᵉ syllabe	3ᵉ syllabe
chasser	+		
. . . .			
. . . .			

Écoutez [z] [ʒ] et indiquez d'une croix :

si les sons sont	différents	identiques
j'ai - j'ai		+
. . . .		
. . . .		
si les mots énoncés comportent	**[z]**	**[ʒ]**
je		+
. . . .		
. . . .		

si vous entendez [ʒ] dans la	1ʳᵉ syllabe	2ᵉ syllabe	3ᵉ syllabe
ils enjôlent			+
. . . .			
. . . .			

 Correction

Répétez plusieurs fois l'exercice.

1. Veillez à garder la langue bien en bas pour [s] et à bien la relever pour [ʃ].

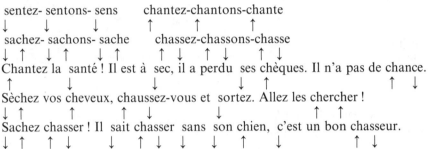

[s]	[ʃ]	[ʃ]	[s]
↓	↑	↑	↓
ce	chemin	chat	sa
ces	chez	chien	sien
ah ! ça	achat	on chante	on sent
en sang	en champs	aux choux	oh ! sous
mousse	mouche	punch	ponce
anse	hanche	hoche	os

sentez- sentons- sens   chantez-chantons-chante
↓   ↓   ↓   ↓   ↑   ↓
sachez- sachons- sache   chassez-chassons-chasse
↓ ↑   ↓ ↑   ↓ ↑   ↑   ↓   ↑   ↓   ↑   ↓

Chantez la santé ! Il est à sec, il a perdu ses chèques. Il n'a pas de chance.
↑   ↓   ↑   ↓   ↓   ↓   ↑   ↓

Sèchez vos cheveux, chaussez-vous et sortez. Allez les chercher !
↓ ↑   ↑   ↑   ↓   ↓   ↑ ↑

Sachez chasser ! Il sait chasser sans son chien, c'est un bon chasseur.
↓ ↑   ↑ ↑   ↓   ↓   ↑ ↓   ↓   ↓   ↑   ↑ ↓

2. Veillez à garder la langue bien en bas pour [z] et à bien la relever pour [ʒ].
Les cordes vocales vibrent bien pendant toute l'émission de ces deux sons.

[z]	[ʒ]	[ʒ]	[z]
↓	↑	↑	↓
zébu	j'ai bu 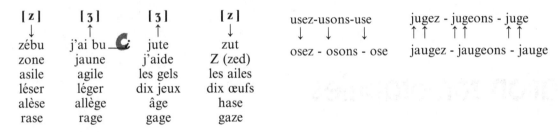	jute	zut
zone	jaune	j'aide	Z (zed)
asile	agile	les gels	les ailes
léser	léger	dix jeux	dix œufs
alèse	allège	âge	hase
rase	rage	gage	gaze

usez-usons-use   jugez - jugeons - juge
↓   ↓   ↓   ↑↑   ↑↑   ↑↑
osez - osons - ose   jaugez - jaugeons - jauge

J'use et j'abuse !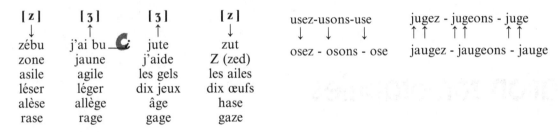
↑   ↑   ↓

Je juge - Je juge l'usurier !

Je jauge et j'ose.

Jason est léger et agile. Gisèle et Joseph jasent et jouent dans le jardin de l'asile.

Zazie s'assit. Zazie agit. Le hachis de Zazie.

Je choisis - je choisissais   je saisis - je saisissais
↑ ↑   ↓ ↑ ↑ ↓↓   ↑ ↓ ↓ ↑ ↓ ↓↓
~ // ~ ~ // ~//   ~ // ~ ~ // ~//

Je choisissais la soie   j'agis - j'agissais
Je choisissais les oies   je jaunis - je jaunissais
Je choisissais les joies   je blanchis - je blanchissais
Je choisissais le choix de soie   je rougis - je rougissais

📼 Stabilisation

1. Je n'ai pas tué le lapin de garenne, je l'ai blessé.
Sachez mieux chasser !
↓ ↑   ↑ ↓

    Je n'ai pas tué le lièvre, je l'ai blessé.
    Je n'ai pas tué le perdreau, je l'ai blessé.
    Je n'ai pas tué le faisan, je l'ai blessé.

2. Il osait prendre des risques.
Moi aussi, j'ai o sé
         ↓ ↑   ↓
         // ~   ~

    Il osait faire face.
    Il osait faire des reproches.
    Il osait clamer la vérité.

> Agir c'est oser. Penser, c'est oser.
>
> Alain

3. Que choisissais-tu jadis, l'avion ou le bateau ?
Je choi sissais tou j ours la meilleure fa çon de voyager.
↑ ↑ ↓↓   ↑   ↓   ↑
~ // ~ //   ~   //   ~

    Que choisissais-tu jadis, le train ou la voiture ?
    Que choisissais-tu jadis, la moto ou le vélomoteur ?
    Que choisissais-tu jadis, la bicyclette ou la marche à pied ?

Relation son-graphies

Transcription

Mettez les symboles de la langue en bas ↓ pour [s] et [z] ou de la langue en haut ↑ pour [ʃ] et [ʒ], de la consonne sourde // pour [s] et [ʃ] et de la consonne sonore ~ pour [z] et [ʒ] chaque fois que vous trouvez des graphies correspondant à ces sons.

Exemple :
      ʒ ʃ   z s
      Je choisissais.
      ↑ ↑ ↓↓
      ~ // ~ //

Chasseur ! chassez sans excès ! Achetez la gazette de la gachette !
Le dégel de la Bourse donne des ailes à César !
Il a changé ses devises. Viens à la maison, dimanche, je mange chez moi. J'ai des amuse-gueule et des saucisses.
Ce geste vaut un bisou, chérie. Ces cils, quel danger ! Cécile. Et ces cheveux, je veux les voir !

 Intonation

Lisez à haute voix le texte de l'exercice précédent en reproduisant le rythme et l'intonation de l'enregistrement ; ne réfléchissez plus aux mouvements articulatoires des sons étudiés qui doivent devenir automatiques.

Intégration

 DICTÉE

1. Complétez les mots suivants selon la graphie qui convient au son [s] ou [ʃ].

Quelle (ch)an(c)e	. ix noix	Quelle é . elle	Il est per . é
Quel (s)en(s)	. inois	Quelle ai . elle	Il est per . é

C'est en mar .	C'est ta . é	C'est une bro . e	C'est un . oc
C'est en mar . e	C'est ta . é	C'est une bro . e	C'est un . oc

2. Complétez les mots suivants selon la graphie qui convient au son [z] ou [ʒ].

Le (g)el	Il ra . e	C'est la lé . ion	C'est un a . ile
Le (z)èle	Il ra . e	C'est la lé . ion	C'est un a . ile

C'est une ca . e	C'est le . este	C'est un pi . eon	Il lui donne un bi . ou
C'est une ca . e	C'est le . este	C'est un bi . on	Il lui donne un bi . ou

3. Complétez les mots suivants selon la graphie qui convient au son [s], [z], [ʃ], ou [ʒ].

o .	â . e	bai . e	ca . e	j'eu . e	les pou . es
o . e	ha . e	bê . e	ca . e	j'u . e	les bou . es
Ho . e	ha . e	bei . e	ca . e	ju . e	l'épou . e
au . e	a .	bai . e	ca . e	ju . e	les bou . es

EXERCICE

1. Mettez à la forme pronominale les verbes suivants et lisez-les.

Ils échangent - ils agitent - ils aiment - ils évitent - ils épient - ils oublient.

Distraction

JEUX

1. À tour de rôle. Chaque étudiant doit dire à son voisin une phrase qui commence par :

« **Savez-vous que vous avez...** »

**et qu'il complète par un mot comportant le son [ʃ] ou le son [ʒ] (de jolis cheveux).
La réponse doit être :**

« Je sais, mes chers amis ! »
ʒ   s   ʃ   z

Le même jeu peut commencer par « Jadis, je saisissais toujours la meilleure occasion pour... » (chanter).

**2. Le jeu du meilleur professeur.
Plusieurs étudiants sont promus à tour de rôle professeurs. Ils doivent relever les erreurs de prononciation de leurs camarades au cours de la lecture des textes suivants :**

Adieu, Meuse endormeuse et douce à mon
enfance
...
Voici que je m'en vais loin de tes bonnes eaux,
Voici que je m'en vais bien loin de nos maisons,
...
Ô toi qui ne sais pas l'émoi de la partance,
Toi qui passes toujours et qui ne pars jamais
...
Ô Meuse inaltérable, ô Meuse que j'aimais

Ch. Péguy.
Extrait de « À Domrémy » in *Jeanne d'Arc*
© Gallimard.

« Un port est un séjour charmant pour une âme fatiguée des luttes de la vie. L'ampleur du ciel, l'architecture mobile des nuages, les colorations changeantes de la mer, le scintillement des phares, sont un prisme merveilleusement propre à amuser les yeux sans jamais les lasser. [...] Et puis, surtout, il y a une sorte de plaisir mystérieux [...] à contempler [...] tous ces mouvements de ceux qui partent et de ceux qui reviennent, de ceux qui ont encore la force de vouloir, le désir de voyager ou de s'enrichir. »

Ch. Baudelaire, *Petits Poèmes en prose.*

Le meilleur étudiant est celui qui a fait le moins de fautes et le meilleur professeur celui qui en trouve le plus. Les professeurs peuvent commenter les textes... la nostalgie des adieux, l'enrichissement des voyages...

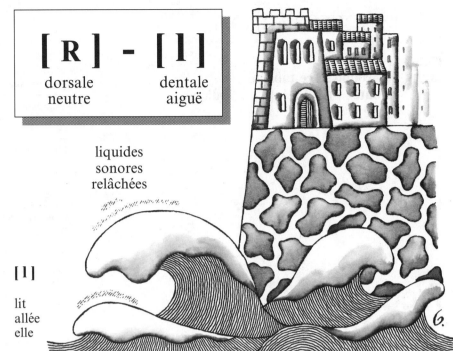

[**R**] – [**l**]

dorsale   dentale
neutre   aiguë

liquides
sonores
relâchées

Perception

 Écoutez les sons [R]   [l]

riz	lit
arrêt	allée
erre	elle

 Distinguez les sons [R] et [l] dans les textes suivants :

PROVERBES

Prudence est mère de sûreté.

Pas de nouvelle, bonne nouvelle.

La parole est d'argent, le silence est d'or.

Murs, ville
Et port,
Asile
De mort,
Mer grise
Où brise
La brise
Tout dort.

V. Hugo, « Les djinns ».

TEXTE   Le grand siècle ou les grands airs.

La marquise : « La ruelle, près de mon lit, a une fenêtre sur la rue, par laquelle un jour je vis, horreur ! mon carrosse renversé, les quatre roues en l'air, au beau milieu de la chaussée. Mon carrosse, sur ses roues, à l'endroit fut rétabli. Le lendemain, par la fenêtre de la ruelle près de mon lit, je vis, horreur ! dans la rue, les roues en l'air de mon carrosse renversé au beau milieu de la chaussée. Mon carrosse, sur ses roues, à l'endroit fut rétabli.   Le surlendemain [...]
J'appelai mes gens et leur dis comment, tous les matins, par la fenêtre de la ruelle près de mon lit, j'apercevais, dans la rue, les roues en l'air de mon carrosse renversé au beau milieu de la chaussée. Mes gens répondirent qu'ils le savaient puisque c'étaient eux qui, tous les matins, rétablissaient, dans la rue, sur ses roues, le carrosse renversé au beau milieu de la chaussée. « Faites donc cesser la plaisanterie, leur dis-je. Arrêtez le plaisantin. »

E. Ionesco. Extrait de « Le grand siècle ou les grands airs »
issu de « Exercices de conversation et de diction françaises pour étudiants américains » in *Théâtre V* © Gallimard.

Discrimination

 Reproduisez ce tableau.
Écoutez [R], [n], [l] et indiquez
d'une croix :

si les sons sont	différents	identiques	
l'eau - nos - rôt	+		
. . . .			
. . . .			
si les mots énoncés comportent	**[R]**	**[l] [n]**	
rire	+		
. . . .			
si vous entendez [R] dans la	**1ʳᵉ syllabe**	**2ᵉ syllabe**	**3ᵉ syllabe**
narrez-le		+	
. . . .			

Production

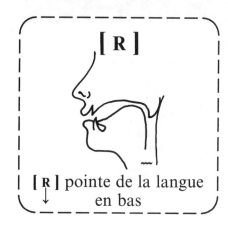

[R] pointe de la langue en bas

Similitude

L'air passe par la bouche d'une manière continue. Les cordes vocales vibrent.

Différence

Pour [R], la pointe de la langue est contre les dents du bas, le dos remonté vers le palais.

Pour [l] la pointe de la langue est appuyé contre les dents du haut.

[l] pointe de la langue en haut

Correction [R]

D **Répétez plusieurs fois l'exercice.**

A 1. * **Veillez à garder pour le son [R] la pointe de la langue à la racine des dents du bas, le dos relevé vers le palais. Elle ne doit pas bouger pendant la profonde expiration accompagnée d'une grande résonance thoracique indiquée par un tiret dans le deuxième mot des exercices suivants. Écoutez [ɛR].**

> ... Pour faire donc sortir les mots, les sons et tout ce que vous voudrez, sachez qu'il faut chasser impitoyablement l'air des poumons, ensuite le faire délicatement passer, en les effleurant, sur les cordes vocales qui, soudain, comme des harpes ou des feuillages sous le vent, frémissent, s'agitent, vibrent, vibrent...
>
> Ionesco *La leçon*
> © Éd. Gallimard.

a) égaux   à Gugusse   La cargaison de ce cargo n'est pas conforme à l'argus.
    e-got   a-gus   On argumente en argot dans cette gargotte ?

b) à quai   paquet   Donne ce bouquet d'orchidées à l'orchestre !
    a-quer   pa-quet   Par qui a-t-il connu la Turquie ?

c) Messie   paisser   Merci, dit le garçon au commerçant.
    me-ci   pe-cer   Elle s'est efforcée de bercer Christian.

2. * Veillez à garder la pointe de la langue en bas jusqu'à la fin de l'émission du son [R] et à prolonger la durée de la voyelle qui précède le tiret. 𝒞

cirque ....ci-e   C'est pire que tout, c'est pire...
merci   mè-e   Cette heure qui passe ! C'est l'heure !
cargo   ca-o   Sors qui peut ! Sors !
orgue   ho-s   Sur qui comptes-tu ? Est-il sûr ?
sursis   sû-   Pourquoi sont-ils là ? Est-ce pour... ?

A

3. * Veillez à ce que la résonance thoracique soit bien perceptible.

caresse ......carat...a-a   Les kangourous mangent-ils des haricots
garçon   garer   a--êt   et des carottes ?
cerceau   serrer   e--er   Il est gaga, il se gargarise tout le temps !

4. * Veillez à ne pas plus bouger les lèvres que la langue pendant toute l'émission de [R]. Les lèvres sont dans la position de la voyelle qui accompagne [R] . 𝒞

Qui ricane ? ....-icane !   Ose Rose, ne t'inquiète pas des ragots.
Qui rêve ?   -êve !   Ève rêve.
Si rapide ?   -apide   C'est ric rac, René !
Six rocs   -oc   Éric est fort comme un roc.
Courroux   -oue   Cette roue est-elle ronde ?

six « usses »   Si « ussie »   « ussie »   six -ues ci   ces -ues ci
six -usses   Si -ussie   -ussie   six -ues   ces -ues   -ue

5. * Veillez à garder un [R] sonore avec les consonnes sonores, il s'assourdit au contact des consonnes sourdes mais il ne doit pas être reproduit avec un bruit de gargarisme. 𝒞

paix	bas	fait	vais	quand	gant	gain	taie	tôt	tout	daim
p-ès	b-as	f-ais	v-ai	c-an	g-and	g-ain	t-ès	t-op	t-ou	d-ain

Il fait frais ! C'est vrai, c'est très vrai !
Qui crie ? Pince-t-il le prince ? Il est trop tôt pour le dire.
Guy est gros, grand, gris. Mange-t-il des merguez ?
Les crocodiles mangent-ils des crustacés ?

---

* Conseillé à tous.

6. * Veillez à ne pas prononcer le [ə] final et à prononcer un [ʀ] chuchoté . 🎦

Il a lu ce livre en entier ? Ce livre ?
Il a loué une chambre en ville ? Oui, une chambre.
Il a pris l'autre enfant. Quel autre ?
Il a bu un litre entier. Un litre ?

7. * Veillez à garder la pointe de la langue en bas pendant toute l'émission de [ʀ] puis, seulement après, à remonter la langue de plus en plus pour prononcer [d] [l] ou [ʃ]. 🎦 **Mettez le symbole ↓ sous [ʀ].**

a) par-ci   b) persil   Il va par-ci par-là
    parmi   permis   Partez vite !
    pardi !   perdu   Est-ce permis d'être perché ?
    parler   perlé   Avec ce persil, il a fait une décoration perlée !
    par champs   perché   Il va de l'Arc du Carousel à la Grande Arche en passant par l'Arc de Triomphe.
                                      Du restaurant de l'Institut du monde arabe, tu peux voir la cathédrale Notre-Dame.

8. ** Veillez à bien faire la différence entre les mots qui comportent une voyelle intercalée et ceux qui n'en ont pas si une voyelle est prononcée à l'intérieur d'un groupe liquide (consonne + ʀ).

a) peureux ...preux   Il est auprès de l'opéré.
    verrais   vrai   Verrai-je le cadavre ? C'est un être éthéré.
    éthéré   être   Il craqua devant les carats ? Je vais rêver.
    barra   bras   Un preux peureux, ça existe ?

b) sac ré ....sacré 🎦
    suc ré ....sucré
    sac rac ....ça craque
    happe raie .....après

📼 Stabilisation

Répondez à votre interlocuteur selon l'exemple donné.

1. Je me suis bien habillée.
Pour qui ? pourquoi ?
  ↓   ↓

   Je me suis bien coiffée.
   Je me suis bien maquillée.
   Je me suis bien chaussée.

> La courbe de tes yeux fait le tour
> de mon cœur.
>
> P. Éluard

2. Je dois aller à la gare du Nord.
Prends le R E R, c'est rapide et pratique !
 ↓   ↓ ↓   ↓   ↓

   Je dois aller à l'aéroport de Roissy.
   Je dois aller à l'aéroport d'Orly.
   Je dois aller à Versailles.

> Liberté
> Sur la vitre des surprises
> Sur les lèvres attentives
> Bien au-dessus du silence
> J'écris ton nom
>
> P. Éluard in *Poésie et Vérité*
> © Les Éditions de Minuit 1942

---

*   Conseillé à tous.
** Conseillé à certains Africains...

3. Je suis né le trente mars.
Alors, aujourd'hui, c'est ton anniversaire !
   ↓   ↓   ↓ ↓

    Je suis né le quatorze février.
    Je suis né le treize octobre.
    Je suis né le trois avril.

4. Qui fréquentait les Cours d'Amour ?
Des troubadours et des trouvères.
   ↓   ↓   ↓   ↓

    Qui chantait l'amour courtois ?
    Le baiser de la plus belle dame
    était pour le meilleur...
    Une couronne à plumes de paon
    était donnée au meilleur...

> Mon bel amour, mon cher amour, ma déchirure...
> Ce qu'il faut de malheur pour la moindre
> chanson...
>   Il n'y a pas d'amour heureux
>   Mais c'est notre amour à tous deux
>
>   Aragon, « Mon bel amour, mon cher amour ».
>   Extrait de *La Diane française* © Seghers 1946

Correction [1]

Répétez plusieurs fois l'exercice

1. * Si [l] est prononcé d'une manière trop appuyée. Veillez à ne pas trop remonter ni trop reculer la langue. Celle-ci ne doit pas être en position rétroflexe et doit venir s'appuyer légèrement contre les dents du haut quelle que soit la position de **[l]** (médiale, initiale ou finale).

a) calcaire .....calquer .....polka   b) colza .....Alsace .....Elsa
    lac   lègue   loque   l'os   laisse   lasse
    cale   quel   col   sol   sel   salle

Il cuit des algues et des salsifis avec de l'huile de colza... quel régal !
Elsa va aller danser la polka en Alsace et en Sicile.

c) qu'il quitte ....qu'elle quitte   Qu'il quitte Cécile si elle s'y prête
   qu'il cite   qu'elle cite   C'est difficile !
   qu'il s'y prête   qu'elle s'y prête   Qu'il quête celle-ci !
   qu'il s'y fasse   qu'elle s'y fasse   C'est facile !

2. ** Si [l] n'existe pas ou n'est pas réalisé dans certaine(s) position(s) dans votre langue.

Veillez à bien mettre la pointe de la langue vers les alvéoles des dents du haut. La tension musculaire est constante. La langue quitte nettement son point d'articulation particulièrement pour le **[l]** final.

a) Alger .....Belgique .....alchimie   b) coder .....coller   c) année .....allée
    ↑   ↑   ↑   ↑   ↑   ↑
    léger   loger   lâcher   dans   l'an   nez   les
    gel   Chelles   châle   aide   aile   peine   pelle
    Achille est agile.   Adèle est belle !
    Il est jaloux et louche !   L'aîné a aidé à désherber les allées.
    Mets ton gilet, Gilles ! Il gèle !   Cède la plus saine à celle qui le mérite !

---

*   Conseillé aux anglophones, Russes, Portugais et à de nombreux Slaves...
** Conseillé aux Japonais et à de nombreux Asiatiques...

3. *** Si une voyelle est prononcée à l'intérieur d'un groupe liquide (consonne + l). Veillez à bien faire la différence entre les mots qui comportent une voyelle intercalée et ceux qui n'en ont pas.

a) pelisse ....pli   Cette pelisse a des plis   b) bac-laid ....bâclait
    palais   plaît   Ce palais me plaît   lac-les ......la clé
    peu lu   plu   C'est peu lu mais ça m'a plu.   hop-là .....au plat
    peut leurrer   pleurer   Elle peut leurrer à tant pleurer.   bouc-les ....boucler

Stabilisation

Répondez à votre interlocuteur selon l'exemple donné.

1. Comment trouves-tu Marie-Laurence ?
Elle est belle et intelligente !

    Comment trouves-tu Lise ?
    Comment trouves-tu Isabelle ?
    Comment trouves-tu Alice ?

2. Me conseilles-tu d'aller en Martinique ?
Oh ! oui, cette île est vraiment belle !

    Me conseilles-tu d'aller en Corse ?
    Me conseilles-tu d'aller en Guadeloupe ?
    Me conseilles-tu d'aller à la Réunion ?

3. Quels merveilleux moments passés sur ce lac !
Oh temps suspends ton vol !

    Que le jour ne sépare pas Roméo et Juliette !
    Que le destin ne sépare pas Paul et Virginie !
    Que la jalousie ne sépare pas Othello et Desdémone !

4. A-t-il lu les *Pensées* de Pascal ?
Il les a lues, dit-il.

    A-t-il lu les *Maximes* de La Rochefoucault ?
    A-t-il lu les *Caractères* de La Bruyère ?
    A-t-il lu les *Essais* de Montaigne ?

> ... et la voix qui m'est chère laissa tomber ces mots :
>   « O temps, suspends ton vol !... »
>
>   « Le lac » in *Méditations poétiques*
>   Lamartine

Correction [R] [l]

Répétez plusieurs fois les exercices suivants

1. * Si [R] et [l] ne sont pas perçus et émis distinctement. Veillez à bien mettre la langue en bas pour **[R]**, au milieu pour **[t-d-n]** et en haut pour **[l]**.

a) R T L   b) R D L   c) R N L   Dans le rêve de Line, les fleurs sont sur le toit.
   ↓ ← ↑   ↓ ← ↑   ↓ ← ↑   Sors-les par la fenêtre !
   retiens-le   redis-le   renoue-le   Parlez de cette belle rêverie !
   rôtis-le   redonne-le   renie-le   Pour Line, que ne ferait-on pas ?

---

*   Conseillé aux Japonais et à de nombreux Asiatiques...
*** Conseillé à certains Africains, aux Iraniens et Levantins...

2. a) Il vient vendre
    ↑   ↓
   Il vient de vendre
   ↑   ←   ↓
   Il vient revendre
   ↑ ↓   ↓
   Il vient le vendre
   ↑ ↑   ↓
   Il vient de le revendre
   ↑ ← ↑ ↓ ↓
   Ne le revends pas
   ← ↑ ↓

b) Elle veut dire
    ↑   ↓
   Elle veut le dire
   ↑ ↑   ↓
   Elle veut redire
   ↑ ↓   ↓
   Elle veut le redire
   ↑ ↓ ↓ ↓
   Elle ne veut pas le redire
      ↑ ↓ ↓ ↓
   Ne le redis pas
   ← ↑ ↓

c) Ils peuvent faire
    ↑   ↓
   Ils peuvent le faire
   ↑ ↑   ↓
   Ils peuvent refaire
   ↑ ↓   ↓
   Ils peuvent le refaire
   ↑ ↑ ↓ ↓
   Ils peuvent ne pas le faire
   ↑   ↓
   Ne le refaites pas

 Stabilisation

Répondez à votre interlocuteur selon l'exemple donné.

1. Va-t-il devenir raisonnable ?
Espère-le, pour le moment il rêve
  ↓ ↑   ↓↑   ↑↓

   Va-t-il devenir réaliste ?
   Va-t-il devenir lucide ?
   Va-t-il devenir sociable ?

2. Que vais-je mettre pour aller au concert ?
Pour le soir, mets cette belle robe.
  ↓↑   ↓   ↑ ↓

   Que vais-je mettre pour aller au cocktail ?
   Que vais-je mettre pour aller au mariage ?
   Que vais-je mettre pour aller au théâtre ?

3. Nous parlons tous en argot !
Parlez mieux, parle mieux !

   Nous parlons d'une manière très familière !
   Nous parlons d'une manière très estudiantine !
   Nous parlons d'une manière trop snob !

> L'amiral
> L'amiral Larima
> Larima quoi
> La rime à rien
> L'amiral Larima
> L'amiral rien
>
> J. Prévert in *Paroles*
> © Gallimard

73

Relation son-graphies

Le son [R] peut s'écrire : *r* (rue), *rr* (arrêt)

					Exceptions
il se prononce	toujours		initiale :	*riz - roue*	
			finale + e :	*mère - sucre*	
	toujours	en position	médiale :	*héros - après - barrage*	
	très souvent		finale absolue :	*mer - hier*	gars - monsieur - messieurs verbes en « er » : tirer - chanter adjectifs et substantifs en « ier - cher - ger » premier - épicier - boucher - léger - étranger

■ **Mémorisation :** Cet horaire, quelle erreur ! quelle horreur !

                R R   R R   R R

Le son [l] peut s'écrire : *l* (il), *ll* (elle)

					Exceptions
il se prononce	toujours		initiale :	*la - le - les*	
			finale + e :	*aile - île - appelle*	
	presque toujours	en position	médiale :	*îlot - tableau - valser allée - libellule*	fils - pouls et quelques noms propres : Meaulnes
	très souvent		finale absolue :	*avril - réel*	outil - persil - sourcil fusil - gentil - saoul cul-de-sac

■ **Mémorisation :** Il et elle = ils... Pourquoi pas elles ? Macho... la grammaire ?

          l   l   l   l

Transcription

Mettez les signes phonétiques [R] et [l] et les symboles ↓ langue en bas et ↑ langue en haut chaque fois que vous trouvez des graphies correspondantes. Si c'est nécessaire, « t, d, n » peuvent être signalés par leur signe et leur symbole ← langue au milieu.

           l   n   d   l   R

Exemple : Plus on est de fous, plus on rit.

       ↑ ⌣ ←   ←   ↑   ↓

Est-ce avec de la laine que la reine Mathilde broda sa célèbre tapisserie ?
Les sabots d'Hélène lui ont-ils été offerts par des reines ? Ce présent est plaisant !
Quels cils, mon Sire ! Cette branche est blanche de fleurs. Ta mère démèle-t-elle la laine ? L'enfant rit et lit tout à la fois. Allait-il t'attendre à cet arrêt chaque matin ? Il travaillera à plein temps, le printemps prochain. Ne laisse pas traîner les plans, prends-les.

Intonation

Lisez à haute voix le texte de l'exercice précédent en reproduisant le rythme et l'intonation de l'enregistrement ; ne réfléchissez plus aux mouvements articulatoires des sons étudiés qui doivent devenir automatiques.

Intégration

DICTÉE

1. Complétez les mots suivants selon la graphie qui convient au son [R] ou [l].

Se(r)s-(l)a	. ega . de . e cana . d	Ce sont . es p . ix	I . est ga . ant
Ce(ll)e-(l)à	. ega . de . e cana .	Ce sont . es p . is	I . est ga . ant

Tiens . a . ampe	C'est un f . an	Ce sont des . oups	C'est . e bo .
Tiens . a . ampe	C'est un f . anc	Ce sont des . oues	C'est . e bo . d

2. Complétez les mots suivants selon la graphie qui convient au son [R] [l] ou [n] ou [d].

Quelle scè(n)e	Regarde la ba . e	Quel a . êt	Nous . ions
Quel se(l)	Regarde la ba . e	Quelle a . ée	Nous . ions
Quelle se(rr)e	Regarde la ba . e	Quelle a . ée	Nous . ions

Tu e . ais	Je viens . e donner	
Tu hé . ais	Je viens . e donner	Cette fille qui . e . e . ega . de pas, . ui p . aît
Tu ai . ais	Je viens . edonner	

Je . is	J'e . e	Il y a des . aies	Cette ba . e, . e . a . ui
Je . is	J'ai . e	Il y a des . aies	. edo . e pas !
Je . is	Gè . e	Il y a des . ez	
Je . ie	Gê . e	Il y a des . és	

EXERCICES

1. Mettez la terminaison « ure » ou « ur » aux noms suivants.

C'est le fut. . . de l'architect. . ., ce m. . .! Cette piq. . . prés du fém. . . provoque une brûl. . .
C'est une belle avent. . . vers l'az. . . Ce murm. . . est de bon aug. . .

Lisez et faites une constatation.

2. Mettez la terminaison « ule » ou « ul » aux noms suivants.

le vestib. . ., le calc. . ., la pil. . ., le crépusc. . ., le rec. . ., la pend. . ., le véhic. . ., le cons. . ., le scrup. . ., la cell. . ., la libell. . .

Lisez et faites une constatation.

3. Complétez par des graphies qui se prononcent [ɛR].

Dans quelle . . . se trouve le pauvre . . . qui . . . vêtu d'une . . . déchirée, chantant un . . . gitan ? Il a l'. . . fatigué dans cet . . . pollué de notre . . .!

Distraction

JEUX

1. Joute oratoire à la cour d'amour de la Reine Jeanne en Provence.
Créez un poème d'amour courtois dont le premier vers pourrait être celui
de la poésie de P. Reverdy.   **ou de la poésie de R. Desnos :**

... Le cœur vole vole vole
Dans la cage des amants
Le cœur vole vole vole
Dans l'orage et les tourments...

« Sur un petit air » in
La Liberté des mers.
Sable mouvant et autres poèmes
© Flammarion

J'ai rêvé tellement fort de toi
J'ai tellement marché, tellement parlé,
Tellement aimé ton ombre
Qu'il ne me reste plus rien de toi...

Fragment de *Corps et biens*
© Gallimard

Ce peut être un texte en prose tel ce texte de R. Desnos.

« J'ai tant rêvé de toi que tu perds ta réalité.
J'ai tant rêvé de toi, tant marché, parlé, couché avec ton fantôme qu'il ne me reste plus peut-être, et pourtant qu'à être fantôme parmi les fantômes et plus ombre cent fois que l'ombre qui se promène et se promènera allègrement sur le cadran solaire de ta vie. »

Fragment de *Corps et biens* © Gallimard.

Le vainqueur reçoit un baiser et la couronne à plumes de paon...
mais encore faut-il qu'il ait bien prononcé les [R] et les [l]...

2. Par ici ! Par là !
Interprétez ce passage de la pièce d'E. Ionesco qui met en scène de paisibles bourgeois anglais qui échangent des propos d'une banalité désolante, illustration de la dérision de la communication entre les hommes.
Les étudiants qui ont le plus de difficultés à prononcer [R] [l] peuvent être à tour de rôle M. Martin, Mme Smith et toute la classe se joint ensuite à eux.

Au comble de la fureur M. Martin et Mme Smith hurlent aux oreilles l'un de l'autre.

M. Smith : C'est
Mme Martin : pas
M. Martin : Par !
Mme Smith : Là !
M. Smith : C'est !
Mme Martin : Par !
M. Martin : I !
Mme Smith : Ci !

La lumière s'est éteinte. Dans l'obscurité, on entend sur un rythme de plus en plus rapide.

Tous ensemble : C'est pas par là, c'est par ici, c'est pas par là, c'est par ici, c'est pas par là, c'est par ici, c'est pas par là, c'est par ici, c'est pas par là, c'est par ici, c'est pas par là, c'est par ici !

E. Ionesco. *La Cantatrice chauve* © Gallimard.

Attention, gardez bien la pointe de la langue en bas durant toute l'émission de [R].

3. RER

Votre ami a oublié la station de RER à laquelle il doit descendre. Il se souvient seulement qu'il y a un « l » et un « r » dans ce nom, vous cherchez avec lui. RER doit souvent être répété, n'oubliez pas le mouvement des lèvres [ɛʁ ə ɛʁ].

Exemple : Je vais prendre le RER, ligne A à Nanterre-Université et descendre à Charles-de-Gaulle, non à . . .Gare de Lyon, non à . . .si, ici « Le parc de Saint-Maur », etc.

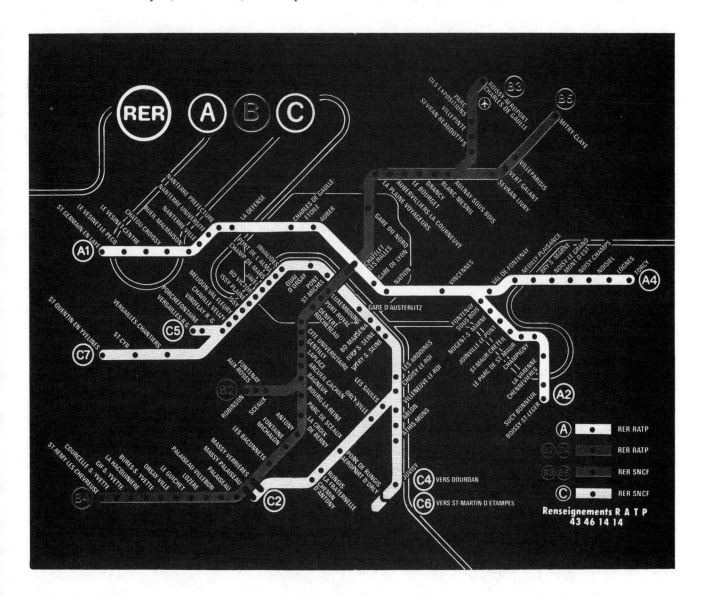

EXERCICES COMMUNS

Détente de la consonne finale

Lorsque la consonne finale est prononcée, elle l'est très nettement. Il y a toujours, en français une détente des muscles : la bouche se rouvre après **[p-b-m]**, la lèvre se dégage de la pression des dents supérieures pour **[f-v]** et la langue quitte les dents pour **[t-d-n-s-z-l]** ou le palais pour **[k-g-ɲ-ʃ-ʒ-ʀ]**

Détente des consonnes françaises.

Si la consonne n'est pas en position finale absolue comme le « t » de « net » par exemple, elle le devient dans la prononciation par le fait de la chute de [ə] muet « nettə̸ ».

Chute de [ə]. Appendice aux règles données dans le tome 1
– En finale de mot, [ə] ne se prononce pas (dînə̸-restə̸) sauf le pronom « le » en position accentuée :
                                                                                        ə
« Dis-le ».
– En finale de mot, à l'intérieur d'un groupe, il ne se prononce pas s'il est suivi d'une voyelle : « restə̸ aussi, sifflə̸ encore ».

– En finale de mot, à l'intérieur d'un groupe, il se prononce s'il est suivi d'une consonne : « corne
                                                                                        ə
d'or, siffle fort »

En français familier, la consonne qui précède [ə] n'est pas toujours prononcée « quatre pattes ».
                                                                                        kat   pat

**Écoutez la consonne : 1) en position initiale (<u>M</u>adame). 2) suivi d'une voyelle (Madame <u>a</u>).
3) en position finale (Mada<u>me</u>). Répétez en suivant les indications de la détente de la
consonne finale mentionnées ci-dessus :**

a) Madame a...	Madame	b) coq à...	coq	c) cherche à...	cherche
pipe à...	pipe	gag à...	gag	juge à...	juge
bombe à...	bombe	fief à...	fief	lilas...	Lille
tête à...	tête	vivat...	vive	rire à...	rire
dinde à...	dinde	cesse à...	cesse		
naine à...	naine	ose à...	ose		

En tête à tête, ils ont dégusté une dinde bien chaude.
Elle s'est bien peignée avec ce peigne.

Assimilation

Une consonne sonore perd un peu de sa sonorité lorsqu'elle est suivie d'une consonne sourde. Inversement, une consonne sourde devient un peu sonore lorsqu'elle est suivie d'une consonne sonore.

À TOUTES LES CONSONNES

 Écoutez et répétez

	Consonnes			*Consonnes*	
sonore sonore		*sonore sourde*		*sourde sourde*	*sourde sonore*
lave-le		lave-toi		sauf toi	sauf moi
aide-moi		aide Pierre		frappe fort	frappe mieux
mange bien		mange tout		avec toi	avec lui
pèse-le		pèse tout		glisses-tu ?	glisse vite

À être si souvent absent, a-t-il obtenu un diplôme ? Ce nationaliste est bien svelte.

Consonnes géminées

Habituellement, en français, deux consonnes semblables se prononcent comme s'il n'y en avait qu'une seule.

 Écoutez : « coma, comment »

        m   m

Mais parfois, elles entraînent la prononciation d'une consonne dite géminée :
– dans le cas de la chute de [ə] : « tirerai » [tiʀʀɛ] ;
– dans le cas où la consonne finale d'un mot est identique à celle du mot suivant dans un même groupe rythmique : « comme moi » [kɔmmwa] ;
– quand il est nécessaire de faire une opposition fonctionnelle :
« courais [kuʀɛ] - courrais [kuʀʀɛ] ; mourons [muʀõ] - mourrons [muʀʀõ]. »

 Écoutez : « comme moi »

Les lèvres se joignent, se pressent, relâchent leur pression sans se séparer puis se pressent à nouveau en prenant la position de la voyelle suivante. Ce phénomène est le même avec la langue en son point d'articulation (pression, relâchement de la pression et nouvelle pression). (On ne prononce pas, comme dans certaines langues, une consonne longue ou deux consonnes bien distinctes.)

 Répétez :

Madame a dit...	Madame m'a dit	Tu nies...	Tu ne nies pas
La robe est bleue	La robe bleue	Il a dit	Il l'a dit
La pipe est perdue	La pipe perdue	Il vient dire	Il vient de dire
Il faut serrer	Il faut se serrer	Je courais	je courrais
Elle fait bien	Elle le fait bien	Je tirais	Je tirerais

---

* Pour étudiants avancés.

Semi-voyelles / Semi-consonnes

[j]	[ɥ]	[w]
antérieure	antérieure	postérieure
aiguë	aiguë	grave
relâchée	relâchée	relâchée
non labiale	labiale	labiale

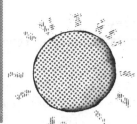

Perception

 Écoutez les sons [j]   [ɥ]   [w]

miette	muette	mouette
brille	bruit	broie

 Distinguez les sons [j] [ɥ] et [w] dans les textes suivants :

PROVERBES

Fille qui trop se mire, peu file.

Qui fuit la meule fuit la farine.

La nuit porte conseil.

Avril pluvieux et mai soleilleux rendent le paysan orgueilleux.

Vouloir c'est pouvoir.

Dans le doute, abstiens-toi.

TEXTE

(...) l'Arabe a tiré son couteau qu'il m'a présenté dans le soleil. La lumière a giclé sur l'acier... Au même instant, la sueur amassée dans mes sourcils a coulé d'un coup sur les paupières et les a recouvertes d'un voile tiède et épais. Je ne sentais plus que les cymbales du soleil sur mon front et, indistinctement, le glaive éclatant jailli du couteau toujours en face de moi. Cette épée... fouillait mes yeux douloureux. C'est alors que tout a vacillé. La mer a charrié un souffle épais et ardent. Il m'a semblé que le ciel s'ouvrait... pour laisser pleuvoir du feu. (...) J'ai crispé ma main sur le revolver. La gachette a cédé, ... et c'est là, dans le bruit à la fois sec et assourdissant, que tout a commencé. J'ai secoué la sueur et le soleil. J'ai compris que j'avais détruit l'équilibre du jour, le silence exceptionnel d'une plage où j'avais été heureux.

A. Camus, *L'Étranger* © Gallimard.

 Discrimination

Reproduisez ce tableau.
Écoutez [j], [ɥ], [w] et indiquez
d'une croix :

si vous entendez [j] dans le	1ᵉʳ mot ou	le 2ᵉ mot
peu - pieux		+
si les sons sont	**différents**	**identiques**
lui - luit		+
si les mots énoncés comportent	**[j]**	**[ɥ] [w]**
entier	+	

si vous entendez [j] dans la	1ʳᵉ syllabe	2ᵉ syllabe	3ᵉ syllabe
lui, croyait			+

Production

Les semi-voyelles/semi-consonnes associent le souffle sonore d'une voyelle au bruit de
passage d'air d'une consonne telle [s].

Écoutez : Dis « Dieu »
          i   jø
Elles sont toujours accompagnées d'une voyelle avec laquelle elles sont prononcées en une
seule syllabe. Elles sont émises plus rapidement que la voyelle qui garde, elle, toute sa durée.

✓ dos de la langue remontée

La langue est très en avant comme
pour [i] mais les bords de la langue
se soulèvent davantage vers les molaires.

← langue en avant

La langue est très en avant, comme
pour [y] mais les lèvres bien arrondies
sont un peu plus contractées.

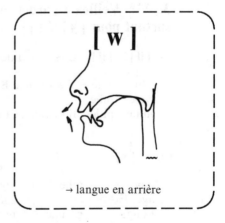

→ langue en arrière

La langue est très en arrière comme
pour [u] mais les lèvres bien arrondies
sont un peu plus contractées.

 Correction

[j]

Répétez plusieurs fois l'exercice.

1. * Veillez à être dans la position de [i], pendant toute la durée du son [j] et à prendre rapidement la position de la voyelle qui le suit.

D **Dites de plus en plus rapidement** « bi hein / bi hein / bi hein...   bi**en** ! »

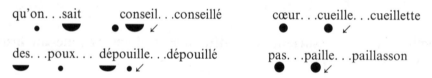

As-tu lu *Le Diable et le bon Dieu* ?

2. ** Veillez à garder la position des lèvres de la voyelle qui précède [j] et à bien remonter le dos de la langue pour [j]. Attention, gardez bien la langue en avant pour les voyelles antérieures.

qu'on...sait   conseil...conseillé   cœur...cueille...cueillette

des...poux... dépouille...dépouillé   pas...paille...paillasson

Elle rêvait lorsque le réveil l'a réveillée. Elle a bien sommeil !

Il est sur la « paille », il ne mange que des nouilles !

3. * Veillez à garder la pointe de la langue en bas pour [j] et à la remonter pour [l] et surtout pour [ʒ] si [j] est confondu avec [l] et [ʒ].**

a) **[il]**   **[ij]**   C'est une fille tranquille et gentille.
    fil   fille   Y a-t-il une Bastille à Lille ?
    ville   bille
    mille   pille   Il distille l'eau en mettant cette pastille ?

b)   **[ʒ]**   **[j]**   c)   **[ʒ]**   **[j]**   Vais-je devoir veiller ?
    pige ..... pille   piger .....piller   Quelle volaille volage !
    âge   ail   âgé   aillé
    bouge   bouille   bougeons   bouillon   Mange-t-il les ailes avec de l'ail ?

---

*   Conseillé à tous.
**   Conseillé à tous et plus particulièrement aux Germaniques et aux Scandinaves...
*** Conseillé particulièrement aux hispanophones, aux Japonais, aux Malgaches, à certains Africains...

[ɥ]

Répétez plusieurs fois l'exercice.

4. * Veillez à garder la position de [y], les lèvres un peu plus contractées, pendant toute l'émission de [ɥ] et à prendre rapidement la position de la voyelle suivante. Attention, la langue ne doit pas reculer pendant toute l'émission du son [ɥ] et la durée de la voyelle qui le suit ne doit pas être écourtée.

Dites de plus en plus vite :

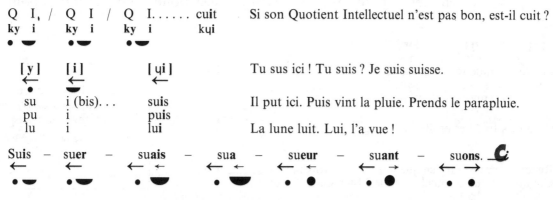

Q I, / Q I / Q I...... cuit   Si son Quotient Intellectuel n'est pas bon, est-il cuit ?
ky i   ky i   ky i   kɥi

[y]   [i]   [ɥi]   Tu sus ici ! Tu suis ? Je suis suisse.

su   i (bis)...   suis   Il put ici. Puis vint la pluie. Prends le parapluie.
pu   i   puis
lu   i   lui   La lune luit. Lui, l'a vue !

Suis – suer – suais – sua – sueur – suant – suons.

Tu es – tu es – tué   Suis-je tué de travail ? Oui, tu l'es !

Ne nous habituons pas à mal prononcer. Persuadons-nous de ne pas fuir la difficulté.

[w]

Répétez plusieurs fois l'exercice.

5. * Veillez à garder la position de [u], les lèvres un peu plus contractées, pendant toute l'émission du son [w] et à prendre rapidement la position de la voyelle suivante qui doit garder toute sa durée.

Dites de plus en plus vite :

ou   à / ou   à / ou   à... ouah !
[u]   [a]   [u]   [a]   [u]   [a]   [wa]

où ... est (bis) ... ouais !   ou ... i (bis) ... oui
[u]   [ɛ]   [wɛ]   [u]   [i]   [wi]

C'est mieux de dire « oui » que « ouais », le sais-tu ?

Louis – louer – louais – loua – louant – louons – loin (lou in) – loi (lou a)

Où allez-vous ? Là ou ici ? Oui, ici !
Tout nous voue à vous. Vois – voici – voilà
Toi et moi, nous ne nous voyons plus que de loin en loin !

___

* Conseillé à tous.

Répétez plusieurs fois l'exercice

6. ** Si un petit [v] est produit avant [w] ou [ɥ]. Veillez à ce que la lèvre inférieure ne soit pas en contact avec les dents supérieures pour la prononciation de [w] ou [ɥ]. Les lèvres sont décollées des dents et projetées en avant.

vois	oie	C'est une voiture ouatée.
voici	oui	A-t-il vu la vouivre ? Oui ! Mais oui !
fuite	huit	Dis vite « Huit ». Pas de fuite !

7.* Pour bien distinguer [j] [ɥ] et [w]. Veillez à bien garder la langue en avant pour [j] et [ɥ] et bien en arrière pour [w], les lèvres écartées pour [j] et arrondies pour [ɥ] et [w].

[j] ↙	[ɥ] ←	[w] →
miette	muette	mouette
sien	suint	soin
nié	nuée	noué

Qu'aimes-tu ? Les étoiles, les nuages, le soleil !
→   ←   ↙

Revoir, aujourd'hui, ce que j'ai vu trois fois hier soir, ça suffit !
Comment voulez-vous la viande ? Bien cuite, à point ?
Il suait à souhait à scier ce tas de bois ! Est-ce une cuillère en bois ?
La muette a donné des miettes à la mouette. C'est bien !

> Le ciel était de nuit
> La nuit était de plainte
> La plainte était d'espoir.
>
> J. Tardieu. Fragment de
> « Étude en dé mineur »
> in *Le Fleuve caché*
> © Gallimard.

8.* a) « ay » « ey » + voyelle = [ej] ou [ɛj]   b) « oy » + voyelle = [waj]   c) « uy » + voyelle = [ɥij]

aie ...	ayons	vois ...	voyons	essuie ...	essuyez
ɛ	ɛj	wa	waj	ɥi	ɥij
paie	payons	doigt	doyen	bruit ...	bruyant
assez	asseyez	moi	moyen	fuit	fuyons

Mon patron me paie bien ! Est-ce que toutes les payes sont bonnes dans ce pays ?
          ɛ   ɛj   ei
J'en ai assez d'essayer toujours en vain ! Voyons ! Ne fuyons pas !

▭ Stabilisation

Répondez à votre interlocuteur selon l'exemple donné.

1. De quelle dynastie était Clovis ?
C'était un mérovingien, un carolingien ou un capétien, cherche !

De quelle dynastie était le roi Dagobert ?
De quelle dynastie était Charlemagne ?
De quelle dynastie était Philippe Auguste ?

2. Quand est mort Louis XIV ?
Au dix-huitième siècle.

Quand a eu lieu la Révolution française ?
Quand a été exécuté Louis XVI ?
Quand a été constituée la première République ?

> Au milieu de la nuit
> Il demandait le soleil
> Il voulait le soleil
>
> ...
>
> On lui disait : pour quoi faire ?
> Il répondait : la lumière
> Je veux faire la lumière
> sur cette sale affaire
>
> J. Tardieu. Fragment de
> « Complainte de l'homme exigeant »
> in *Le Fleuve caché*
> © Gallimard

---

* Conseillé à tous.
** Conseillé à tous et plus particulièrement aux Germaniques et aux Scandinaves...

3. Qui était François Ier ?
C'était un roi de France.

   Qui était Henri IV ?
   Qui était Louis XIV ?
   Qui était Louis-Philippe ?

4. Quand a eu lieu la prise de la Bastille ?
Pendant la Révolution fomentée par la bourgeoisie appuyée par le peuple.

   Quand les droits de l'homme ont-ils été proclamés ?
   Quand les privilèges ont-ils été abolis ?
   Quand Louis XVI fut-il arrêté ?

Relation son-graphie

Le son [j] peut s'écrire :

i

précédé ou non d'une consonne et suivi d'une voyelle prononcée :
iode – hier – tiède – exceptionnel
j   j   j   j

précédé de deux consonnes et suivi d'une voyelle prononcée [ij] :
crier – plier
ije   ije

y

précédé ou non d'une consonne et suivi d'une voyelle prononcée :
yeux – Lyon (exceptions : pays - abbaye)
jø   jõ   ei   ei

précédé d'une voyelle et suivi d'une voyelle prononcée ou non :
« ay » « ey » = [εj] ou [ej] paye - payais – payé – asseyez
                                εj   εjε   eje   eje (harmonisation)

« oy » = [**waj**] voyons
                wajõ
« uy » = [**ɥij**] essuyez
                ɥije

ï   **entre deux voyelles :** faïence – aïeux
                ajã   ajø

il   **précédé d'une voyelle :** ail – soleil – œil – seuil – accueil
                aj   sɔlεj   œj   sœj   akœj

ill

précédé d'une voyelle et suivi d'une voyelle prononcée ou non :
travaille – ailleurs – bouteille – cueillir – houille
travaj ajœʀ   butεj   kœjiʀ   uj

précédé d'une ou de deux consonnes dans la même syllabe et suivi d'une voyelle prononcée ou non [ij] :
billet – bille – brillant – fille
bijε   bij   brijã   fij

à l'exception de quelques mots et de leurs dérivés :
ville – mille – tranquille – distille – instille – imbécillité – Lille...
vil   mil   kil   til   til   silite   lil

■ **Mémorisation :**

De son ciel camaïeu Dieu criait.
      j   j   j   ij

L'homme suppliait « Voyez, essayez de comprendre les humains, asseyez-les près
         ij   waj   ej   ej

de Vous, essuyez leur les yeux... ».
        ɥij

Alors le merveilleux soleil brilla !
       j   j   ij

Le son [ɥ] peut s'écrire :

u
- **suivi d'une voyelle prononcée :** huit – huée
                        ɥ   ɥ
- **précédé d'une consonne et suivi d'une voyelle prononcée :** nuage – saluer
                                            ɥ   ɥ
- **précédé de deux consonnes dans la même syllabe et suivi de [i] :** truite – fluide
                                                      ɥ   ɥ

■ **Mémorisation :**

Huit nuits de suite, il siffla l'air de « La Truite ». Cruel ! Non ?
 ɥ   ɥ   ɥ   ɥ

Le son [w] peut s'écrire :

ou
- **suivi d'une voyelle prononcée :** oui – ouate
                        w   wa
- **précédé d'une consonne et suivi d'une voyelle prononcée :** jouet – boueux
                                               w   w

oi - oin **précédé d'une ou deux consonnes dans la même syllabe :**
            toi – trois – loin – lointain – groin
            w   w   w   w   w

■ **Mémorisation :**

Vois-tu au loin ces trois alouettes ? Oui.
  wa   wɛ̃   wa   wɛ   wi

Transcription

Mettez les signes phonétiques [j] [ɥ] et [w] et les symboles ↙ (langue en avant, dos de la langue relevé) ← (langue très en avant) → (langue très en arrière) chaque fois que vous trouvez des graphies correspondantes.

      w   ɥ   j

Exemple :   Ce zouave suave, c'est le sien ?
            →   ←   ↙

Jouons avec les joints ! Pierre s'est enfui et il s'est enfoui dans les fourrés.
Louis, lui, lia bien les lacets de ses souliers. Elle cuit les ailes de raie avec de l'ail.
Elle met son maillot à rayures.
Qu'il aille chercher le haillon sur le rayon. Il aiguise son crayon sur le caillou.
Recréons aujourd'hui ce que nous créions jadis. Ne tuez plus ce que vous tuiez, là-bas.
Louez aujourd'hui ce que vous louiez jadis. Pourquoi bois-tu ? J'ai soif. Et toi ?
Bois moins ! François a besoin de toi !

Intonation

Lisez à haute voix le texte de l'exercice précédent en reproduisant le rythme et l'intonation de l'enregistrement ; ne réfléchissez plus aux mouvements articulatoires des sons étudiés qui doivent devenir automatiques.

Intégration

DICTÉE

1. Écrivez les graphies qui correspondent aux sons [j] [ɥ] et [w] dans les phrases suivantes :

H(u)is	C'est la l . ette	C'est l . i	Ce bab . in fait...	Le s . int
(ou) i	C'est l'al . ette	C'est L . is	Ce bas b . en fait	Le s . in

C'est plein de b . ais	Si n . eux	C'est une r . elle	Quelle b . ée
C'est plein de b . ée	Sin . eux	C'est une r . elle	Quelle b . ée

Il r . ait	Quel l . eur	C'est une m . ette	Quelle n . ée
Il r . ait	Quelle l . eur	C'est une m . ette	Qu'elle n . ait
Il r . ait	Quel l . eur	C'est une m . ette	Qu'elle n . ait

2. Complétez avec une des graphies qui correspond aux sons : [ʒ] (« g » ou « j ») ou [j] (« y » ou « ill »).

Rou(g)e	Pa...e	Les ma...es	Pi...eon	Lé...er	Â...é	La...ette	La bei...e
Rou(ill)e	Pa...e	Les ma...es	P...ons	L'a...ez	A...é	Les ...ette	L'abe...e

EXERCICES

1. Donnez un conseil pour être heureux ! J. Tardieu dit « Oui » à la vie, au bonheur !

Oui mon oiseau oui mon soleil oui mon village
Oui mon beau temps oui mes saisons
Oui mon toit mon nuage ma vie
Oui porte ouverte sur le jour !

Fragment de « Étude au téléphone » in *Le Fleuve caché*
© Gallimard.

L. Aragon dit son refus de l'habitude, son émerveillement de « toujours la première fois ».

Pour la première fois ta voix
D'une aile à la cime des bois
L'arbre frémit jusqu'à la souche
C'est toujours la première fois
Quand ta robe en passant me touche.

Fragment de « L'amour qui n'est pas un mot »
in *Le Roman inachevé*
© Gallimard.

Alain dit l'art d'être heureux.

« Dans cet art d'être heureux, auquel je pense, je mettrais aussi d'utiles conseils sur le bon usage du mauvais temps. Au moment où j'écris, la pluie tombe ; les tuiles sonnent... ; les nuées ressemblent à des haillons magnifiques. Il faut apprendre à saisir ces beautés-là... "Mais" dit l'un, "la pluie gâte les moissons". Et l'autre : "la boue salit tout". Et un troisième : "Il est si bon de s'asseoir dans l'herbe". C'est entendu ; on le sait ; vos plaintes n'y retranchent rien, et je reçois une pluie de plaintes qui me poursuit dans la maison. Eh bien, c'est surtout en temps de pluie que l'on veut des visages gais. Donc bonne figure à mauvais temps. »

Propos sur le bonheur © Gallimard.

Lisez le texte qui représente le mieux votre « manière de vivre » ou dites en quelques lignes « votre art de vivre » en utilisant des mots comportant des semi-voyelles vous pouvez utiliser : nuage, poursuivre, enfuir, nuit, bruit, pluie, tueur, tumultueux, buée, diminuer, habituel, muet, duel, suer, dernière fois, soleil, vieux, bruyant, voyage, tuyau, fuyant, gentille, bille, abeille, bouteille, merveille, conseil, travail, brouille, cueille, éveil, réveil, vieille, pareil, cueille, jouer, toi, moi, mouette, souhait, alouette, poing, loin, moins, doué, fouet...

Lisez à haute voix votre texte ou l'un de ces textes en le commentant.

Distraction

JEUX

1. Complétez et lisez.

Il était une f. . ., une marchande de f. . . qui vendait du f. . . dans la ville de F. . . Elle disait ma f. . ., c'est la première f. . . et la dernière f. . . que je vends du f. . . dans la ville de F. . . Il n'y a plus de f. . . dans la ville de F. . .

Faites un concours de phrases semblables avec :
(je) suis - (il) suit - suie - essuie - suite - suisse, etc.

ou avec « lieu » : lieu-dit - lieu commun (voir dans le dictionnaire les multiples expressions avec ce mot) et les homonymes : lieu (poisson) - lieue (distance), etc.

2. Les yeux dans les oreilles !
Dites l'image qu'évoquent pour vous les différents sons des consonnes de la langue française !

A. Rimbaud a écrit à propos des voyelles :

A noir, E blanc, I rouge, U vert, O bleu : voyelles
Je dirai quelque jour vos naissances latentes :
A, noir corset velu des mouches éclatantes...
... E, candeurs des vapeurs et des tentes...
... I pourpre, sang craché, rire des lèvres belles.
U, cycles, vibrements divins des mers virides...
... O l'Oméga, rayon violet de Ses Yeux.

3. Jeu de cartes.

Écrivez ou dessinez sur 70 cartes, les 10 familles comprenant chacune 7 mots.

1) La famille des [je] : épicier, cerisier, convier, pommier, pied, cuisinier, confier.
2) La famille des [ɥj] : nouille, douille, fouille, souille, bouille, mouille, rouille.
3) La famille des [εj] : bouteille, abeille, vermeil, merveille, veille, oreille, groseille.
4) La famille des [wa] : toi, moi, soie, froid, pois, bois, quoi.
5) La famille des [ɥi] : nuit, huit, suite, cuite, ruine, cuisse, fruit.
6) La famille des [aj] : travail, bataille, détail, corail, soupirail, gouvernail, rail.
7) La famille des [wɛ̃] : poing, coin, soin, loin, moins, foin, point.
8) La famille des [œj] : cueille, œil, seuil, feuille, écureuil, cercueil, orgueil.
9) La famille des [waj] : voyant, aboyant, croyant, prévoyant, tournoyant, larmoyant, flamboyant.
10) La famille des [ɥij] : bruyant, essuyant, tuyau, fuyez, appuyons, ennuyeux, faux-fuyant.

Les cartes sont distribuées entre 10 joueurs qui doivent réunir dans leur main tous les membres d'une même famille. À tour de rôle, ils échangent avec un autre joueur une des cartes qu'ils ne souhaitent pas garder.
La prononciation des mots échangés doit être parfaite pour obtenir la carte !

Le nombre des familles doit correspondre au nombre des joueurs, aussi est-il possible d'enlever des familles ou au contraire d'en constituer d'autres avec des mots en [jø] [jɛR], etc.

4. Contrôle final écrit. Concours du dictionnaire !
Connaissant tous les signes phonétiques, il est possible, maintenant, de lire un mot dont la prononciation est inconnue grâce à la transcription phonétique du dictionnaire.

Lisez les mots suivants :

[ʀym] [ʀɔm] [ʀɔdɔdɛ̃drɔ̃] [paʀfœ̃]
[klun] [apɛ̃disit] [abdɔmɛn] [makadam]
[ãmagazine] [imɔbil] [ɛ̃mãʒabl] [aʒœ̃]
[egɥij] [ãgij] [ekilibʀ] [ekɥilateral]
[kalite] [akwatik] [ekipaʒ] [ekwatœʀ]

Que celui qui a perçé tous les mystères de la phonétiques gagne [vɛ̃ syʀ vɛ̃] !

Contrôle oral. « Le hareng saur » de Ch. Cros.
Les séquences finales de chaque ligne de ce poème présentent toutes les consonnes sauf 6. Trouvez-les.
Cherchez d'autres adjectifs pouvant remplacer ceux qui ont été utilisés dans des strophes différentes.

Par exemple : « mort, mort, mort » peut remplacer « sec, sec, sec » dans le 3ᵉ vers.
Toutes les consonnes, étant ainsi représentées, peuvent être contrôlées par le professeur qui lit le début de chaque ligne, l'étudiant ayant à dire le mot répété 3 fois.

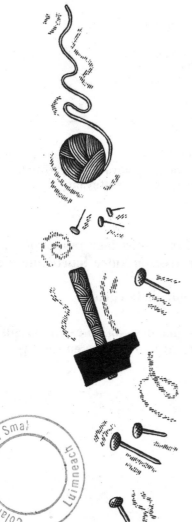

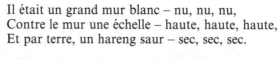

Il était un grand mur blanc – nu, nu, nu,
Contre le mur une échelle – haute, haute, haute,
Et par terre, un hareng saur – sec, sec, sec.

Il vient, tenant dans ses mains, sales, sales, sales,
Un marteau lourd, un grand cou – pointu, pointu, pointu,
Un peloton de ficelle – gros, gros, gros.

Alors, il monte à l'échelle, haute, haute, haute,
Et plante le clou pointu – toc, toc, toc,
Tout en haut du grand mur blanc – nu, nu, nu.

Il laisse aller le marteau – qui tombe, qui tombe, qui tombe.
Attache au clou la ficelle – longue, longue, longue,
Et, au bout, le hareng saur – sec, sec, sec.

Il redescend de l'échelle – haute, haute, haute,
L'emporte avec le marteau – lourd, lourd, lourd,
Et puis, il s'en va ailleurs – loin, loin, loin.

Et, depuis, le hareng saur – sec, sec, sec,
Au bout de la ficelle – longue, longue, longue,
Très lentement se balance – toujours, toujours, toujours.

J'ai composé cette histoire – simple, simple, simple,
Pour mettre en fureur les gens – graves, graves, graves,
Et amuser les enfants – petits, petits, petits.

Charles Cros. *Le coffret de santal*, © Gallimard.

Panorama
des sons - du rythme - de l'intonation

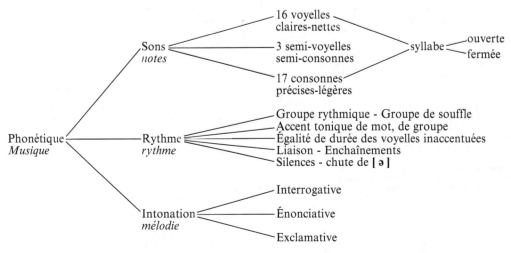

Phonétique
Musique

Sons
notes
- 16 voyelles claires-nettes
- 3 semi-voyelles semi-consonnes
- 17 consonnes précises-légères

syllabe
- ouverte
- fermée

Rythme
rythme
- Groupe rythmique - Groupe de souffle
- Accent tonique de mot, de groupe
- Égalité de durée des voyelles inaccentuées
- Liaison - Enchaînements
- Silences - chute de [ə]

Intonation
mélodie
- Interrogative
- Énonciative
- Exclamative

(impérative - implicative - suspensive - avec incise)

Sons

Les voyelles françaises sont claires, nettes. Elles doivent être produites avec une même tension musculaire durant toute leur émission (la langue, les lèvres, la bouche sont dans la position requise avant la production du son et ne changent de position qu'après son émission). **Elles ne sont pas diphtonguées :**

	Articulation				
	antérieure aiguë		postérieure grave		
Sons tendus petite aperture	i	y	u	voyelles	orales
	e	ø	o		orales
			õ		nasale
Aperture moyenne Son moyennement relâché		ə			orale
	ɛ	œ	ɔ		orales
	ɛ̃	œ̃			nasales~
Grande aperture Sons relâchés	a		ɑ		orales
			ɑ̃		nasale~
	non labiale	labiale			

Oral : son pour lequel tout l'air sort par la bouche.

Nasal : son pour lequel le voile du palais est abaissé, un peu d'air passe par le nez.

Articulation : ensemble des mouvements des organes situés au-dessus de la glotte pour l'émission d'un son.

Aperture : écartement des organes au point d'articulation (entre la langue et le palais).

Antérieur : se dit d'un son pour l'émission duquel la langue doit toucher les dents (regarder les schémas du sommaire).

Postérieur : se dit d'un son pour l'émission duquel la langue recule vers le fond du palais.

Relâché : se dit d'un son émis sans force notable d'articulation.

Moyen : tension intermédiaire.

Tendu : se dit d'un son émis avec une certaine force d'articulation.

Labial : se dit d'un son réalisé par un mouvement des lèvres (pour les consonnes), par un arrondissement de celles-ci (pour les voyelles).

17 CONSONNES

Les consonnes françaises sont précises mais beaucoup plus **légères** que dans la plupart des autres langues. Elles se prononcent presque toujours de la même manière quelle que soit leur place dans le mot. **Elles gardent la même tension musculaire pendant toute leur émission.**

	Sourdes/tendues	Sonores/relâchées + Nasales		
Occlusives	p t k	b d g	m n ɲ	Bilabiales (graves) Dentales (aiguës) Palatales (neutres) ([ɲ] aiguë)
Fricatives	f s ʃ	v z ʒ		Labio-dentales (graves) Dentales (aiguës) Pré-palatales (aiguës)
Liquides		l R		Dentale (aiguë) Dorsale (neutre)

Sourde : il n'y a pas de vibrations des cordes vocales.
Sonore : les cordes vocales vibrent pendant toute l'émission du son.
Occlusive : l'air est momentanément bloqué par les deux lèvres pour les **« bilabiales »** [p b m] ;
par la langue bien appuyée aux dents supérieures pour les **« dentales »** [t d n] ;
par le dos de la langue et le palais pour les **« palatales »** [k g ɲ].
Fricative : l'air est gêné dans son expulsion par la lèvre inférieure et les dents supérieures pour les **« labiodentales »** [f v] ;
par la langue et les dents pour les **« dentales »** [s z] ;
par la pointe de la langue et la partie antérieure du palais pour les **« pré-palatales »** [ʃ ʒ]·
Liquide : l'air s'écoule de chaque côté de la langue dont la pointe est posée contre les dents supérieures pour la **« dentale »** [l] ;
l'air s'écoule entre le dos de la langue et le palais pour la **« dorsale »** [R].

Syllabe

En français, une voyelle (à, par exemple) constitue à elle seule une syllabe (la plus petite unité perceptive) mais, comme un accord en musique, elle peut être entendue avec une ou plusieurs consonnes (ou semi-consonnes).

Détermination des accords ou coupe syllabique

1. Une consonne se lie avec la voyelle prononcée qui la suit : é/té dî/ner é/ther a/chat té/lé/phone a/gneau a/rri/vée (« th-ch-ph-gn-rr » 2 consonnes semblables = 1 seul son*).
2. « R » et « l » se prononcent avec la consonne qui les précède : a/près é/clat (à l'exception de « r » « l » par/ler).
3. Les autres consonnes se séparent : res/ter ac/tif ac/tive taxi [tak si] examen [ɛg za mɛ̃] (à l'exception de peu de mots : externe, extrême, strict...).

Une syllabe ouverte est une syllabe terminée par une voyelle prononcée :
peu - peux (« x » n'est pas prononcé).

* Quelques rares exceptions : mag/num - diag/nos/tic - cour/rais - mour/rais - il/logique...

Une syllabe fermée est une syllabe terminée par une consonne prononcée :
peur - peuvent (« ent » n'est pas prononcé).
Une syllabe accentuée est la dernière syllabe d'un mot, ou d'un groupe de mots qui exprime la même idée. Elle est prononcée avec un peu plus de durée que les autres.
Les syllabes inaccentuées sont toutes celles qui ne sont pas finales de mot ou de groupe de mots. Elles sont prononcées nettement et régulièrement.
Il est conseillé d'enseigner la coupe syllabique aux étudiants pour leur permettre :
– de faire plus aisément les tests de discrimination ;
– de déterminer plus facilement :
  - les voyelles ouvertes (peuvent [pœv]) et fermées (peux [pø]),
  - les voyelles nasales (chemin [ʃəmɛ̃]) et orales (cheminée [ʃəmine]),
  - les différentes prononciations de « e » (se [sə] sec [sɛk] essuie [esɥi]) ;
– de mieux enchaîner les syllabes d'un mot phonique ou groupe rythmique « il a eu mal » [i la y mal] et non [il a y mal].

[p]   [b]

Perception

Il est conseillé – à livre fermé – de créer une compétition entre les élèves sur le nombre des sons entendus soit **[p]** soit **[b]** au cours de l'audition des proverbes ou du texte. Ce conseil est valable pour tous les textes de perception.

Le symbole ∥ (pas de vibration des cordes vocales) signale la lettre « p » et le symbole ‿ (vibrations des cordes vocales) la lettre « b ». Cette désignation est reprise chaque fois que l'étude porte sur des consonnes sourdes opposées à des consonnes sonores.

DISCRIMINATION

Les sons sont	différents	identiques
paix baie	+	
aube aube		+
appas abats	+	
pont bon	+	
bain bain		+
bu pu	+	

Les mots énoncés comportent [p]		[b]
bon		+
pas	+	
poupée	+	
hop	+	
abbé		+
aube		+

Vous entendez [p] dans la 1ʳᵉ syllabe	2ᵉ syllabe	3ᵉ syllabe
probable	+		
surplombe		+	
bipède			+
poubelle	+		
beaux-parents			+
septembre	+		

Conseil : Si **[p]** et **[b]** ne sont pas bien distingués l'un de l'autre dans ces tests ou dans des dictées faites en classe, veillez au cours des exercices de correction à ne pas faire vibrer les cordes vocales pour **[p]**, l'air maintenu par les lèvres appuyées l'une sur l'autre sort brusquement lors de leur séparation. Par contre les cordes vocales vibrent beaucoup pour les mots comportant un **[b]**.

Production

Les consonnes françaises sont légères mais précises. Quelle que soit leur position dans le mot, elles se prononcent, à de très rares exceptions près, toujours de la même manière. Il est plus aisé de prononcer une consonne légère en position intervocalique et de la rendre plus forte et plus précise en position initiale. Les étudiants qui ont peu de difficultés peuvent limiter leur entraînement à l'exercice 1.

D **Astuce Démosthène :**
1 et 4 – Mettez la main à la base du cou, au niveau des cordes vocales. Les vibrations de celles-ci doivent être bien ressenties pour les mots comportant un **[b]**.

C Le son **[m]** et les voyelles favorisent la sonorité par anticipation.
Les hispanophones en particulier doivent veiller à ne pas placer la lèvre inférieure sous les dents du haut pour **[b]** (voir **[b] [v]**).

A **Conseil Aristote :** Selon que l'étudiant prononce des consonnes trop ou insuffisamment fortes, il est conseillé de suivre les « excès » de l'enregistrement qui appliquent le conseil d'Aristote : se porter vivement dans le sens opposé à celui où l'on se sent entraîné pour arriver à un juste milieu.

D **2 – a)** Mettez un doigt entre les lèvres pour contrôler leur décontraction. Les lèvres ne doivent pas pincer le doigt durant l'émission de **[p]**. Pensez à la voyelle et ajoutez un **[p]** léger (appats).

C Pour éviter le souffle, on peut également faire précéder **[p]** de **[s]**, consonne fricative pour laquelle l'air sort d'une manière continue. Tentez de garder pour « Père » le même **[p]** que pour « spécial ».

D **b)** Contrôlez devant un miroir que les lèvres se pressent fortement l'une sur l'autre avant de se disjoindre. Les mâchoires, elles, ne se séparent qu'en fonction de la voyelle. Exercez-vous et contrôlez à l'aide du miroir l'espace des mâchoires. Dites « i » puis « pis », les lèvres se séparent mais les mâchoires, à peine. Mettez la main sous le menton pour permettre aux mâchoires de rester presque jointes.

C Il est conseillé de répéter verticalement les exercices 2a 2b après les avoir faits horizontalement.

D **3 –** Mettez entre les lèvres, un doigt qui doit être pincé avant que soit perçu l'explosion de l'air libéré par la séparation des lèvres.

C Attention, les cordes vocales ne vibrent pas pour **[p]** ni pour **[s-k-t]**, consonnes sourdes employées pour cet exercice (ce qui facilite la prononciation du **[p]** sourd). Si le mot « dope » présente trop de difficultés, revenez au mot « capte ».

Relation son-graphies

Deux consonnes semblables équivalent généralement à un seul son : « pp » = **[p]**.
Assimilation : « b » devant **[s]** ou **[t]** perd sa sonorité et se prononce comme un **[p]** mais avec la douceur articulatoire de **[b]**, sauf : « subsister » et ses dérivés qui gardent le son **[b]**.

Exemple : absent ou absent   obtenir ou obtenir
                  p   b   p   b
(^ indique l'assourdissement d'une consonne)

TRANSCRIPTION

On peut chuchoter le son tout en le transcrivant. Ce conseil est valable pour tous les exercices de transcription.

Il s'est baigné et peigné rapidement. Prends les branches

posées sur la planche. Il a pris l'abri de la pie, ce coucou ? Les

bœufs sont peut-être dans le pré. La pompe a été abimée par

cette bombe. C'est le béret de l'opéré ? Big Bang est-il à

Picpus ?

INTÉGRATION

DICTÉE

Quelle trombe. Quelle trompe / C'est sa part. C'est sa barre / C'est meublé. C'est peuplé /

Quelle belle pêche. Quelle belle bêche / Cet habit. Ces tapis /

Où est le pont ? Où est le bon ? / Prends un bon bain. Prends un bon pain.

EXERCICE

drap - sirop - champ - plomb - coup - loup.

Distraction

Suggestion de chansons : L'étude de ces consonnes peut se terminer agréablement en chanson avec :
« En passant par la Lorraine » (chanson ancienne)
« Le papa du papa » (Boby Lapointe)
« Parapluie » (G. Brassens)
« Les amoureux des bancs publics (G. Brassens).

[t]   [d]

DISCRIMINATION

Les sons sont	différents	identiques
tôt dos	+	
ton thon		+
des tes	+	
dent dans		+
tout doux	+	
du tu	+	

Les mots énoncés comportent [t]		[d]
ondée		+
haute	+	
temps	+	
daim		+
dont		+
ôter	+	

Vous entendez [t] dans la 1ʳᵉ syllabe	2ᵉ syllabe	3ᵉ syllabe
dictateur	+	+
tendance	+	
timide	+	
détente	+	
diplomate		+
tornade	+	

Conseil : Si [t] et [d] ne sont pas bien distingués l'un de l'autre dans ces tests ou dans des dictées faites en classe, veillez au cours des exercices de correction à bien faire vibrer les cordes vocales pour [d], et à ne pas les faire vibrer pour [t].

Production

D **1 et 4** – Contrôlez bien les vibrations des cordes vocales à l'aide de la main posée à la base du cou.

C. Les hispanophones doivent veiller à prononcer le [d] entre 2 voyelles et en finale comme le [d] initial, avec netteté. L'air ne doit pas sortir d'une manière continue. La langue appuyée contre les dents s'en détache rapidement.

D **2 – a)** Pour éviter que la langue appuie trop fort et soit placée trop haut, la pointe relevée vers le palais, posez-la sur les dents et maintenez-la à l'aide d'un ongle et dites « thé thé thé » « dé dé dé » « DDT » « Le thé de Dédé ». Constatez devant un miroir et prenez conscience du mouvement que la langue tente d'effectuer.

C. Pour éviter que [t] soit produit avec une trop grande explosion, il est précédé de [s] consonne pour laquelle l'air sort d'une manière continue.

C. **b)** Dans le cas d'une prononciation pas suffisamment nette, appuyez avec force la langue contre les dents du haut et retirez-la de son point d'appui après avoir prononcé [t]. Pendant toute l'émission du son, gardez la même ouverture de la bouche, celle nécessitée par la voyelle. Ne baissez pas le menton, maintenez-le à l'aide de la main.
Par exemple : été / ou tout.

Les exercices 2 a et 2 b peuvent être utilement répétés verticalement.

A **D** 3 – Dans beaucoup de langues, le [t] est rétroflexe. Pour éviter cette position, nous nous aiderons de [k] et de [s], sons pour lesquels la pointe de la langue est en bas. Il est possible de la maintenir, abaissée, à l'aide d'un ongle ou d'un crayon.

D 5 – Contrôlez à l'aide d'un doigt que la langue quitte rapidement son point d'appui sur les dents. Elle est décontractée et ne s'appuie pas fortement contre les dents. Si c'est nécessaire, maintenez la langue abaissée à l'aide d'un doigt ou d'un stylo.

STABILISATION

1 – Descartes / Diderot / A. Daudet / A. Dumas.
2 – L'homme (bébé, adulte et vieillard avec une canne). La langue.
Ceci est dit par un Athénien. Si tous les Athéniens mentent, lui aussi, alors ?

Relation son-graphies

t Attention :
ti suivi d'une voyelle, peut se prononcer [t] ou [s] :
     t   s
   (sortie - inertie)
Il se prononce [t]
   a) dans le verbe « tenir » et ses dérivés (il contient)
   b) précédé de « s » (questionner)
   c) dans la terminaison « tier » des *noms* (laitier - laitière)
   d) dans la terminaison « tions » « tiez » des *verbes* en « ter » (nous inventions, tiez)
   e) dans les terminaisons « tième » et « tias » (huitième - galimatias)
   f) généralement, dans la terminaison « tié » (amitié - moitié)
   g) dans certaines terminaisons « tie » (sortie - partie)

Voir relation son-graphie de « s » page 50.

d en liaison se prononce [t] :
       t   t   t
quand‿il – grand‿acteur – second‿étage...

TRANSCRIPTION

         d   t   t
L'homme qui dort a toujours tort.

    t d   d   t t   d t
La vente de la lavande ne couvre pas toutes ses dettes.

           d t t   t d   t
C'est la saison de la tonte, ils tondent leurs moutons.

d   d   t   t t t   t d   t   t
Dans le temps, ta tante avait tendance à toucher à tout.

t   d   t t d
Tout doux, ma toute douce !

INTÉGRATION

DICTÉE

C'est la mode. C'est la motte / Quelle tortue. Quel tordu / C'est une amande. C'est une amante /
Ils démentent. Ils demandent / C'est une douche. C'est une touche / C'est coté. C'est codé / Tison. Disons.

EXERCICES

1 – a) chaude, blonde, idiote, petite, dévote, grande. (Ajout de « e »)
b) muette, coquette, violette. (Doublement de la consonne, ajout de « e »)
c) (in)discrète, secrète, (in)complète, inquiète, concrète, désuète, replète. (Ajout d'un « e » et d'un accent grave sur la voyelle précédant la consonne finale pour ces neuf adjectifs.
d) nette, cette. (Doublement de la consonne, ajout de « e ».)
e) sotte, vieillotte, boulotte, pâlotte, maigriotte, bellotte. (Doublement de la consonne, ajout d'un « e » pour ces six adjectifs.)

Constatations
Prononciation de la consonne finale au féminin mais non au masculin à l'exception de quelques rares adjectifs comme « net » et « cet » d) dont le « t » est prononcé au masculin comme au féminin. Les voyelles ne changent pas de timbre à l'exception de (o).
Le « o » devient [ɔ] en syllabe fermée : sot / sotte.
                                       o   ɔ

2 – Bibliothèque, thermale, théologie, thermonucléaire, athée, discothèque, thermomètre, thalassothérapie.

Distraction

JEU de l'astronome :
Toutes ces planètes tournent autour du soleil à l'exception de la lune qui tourne autour de la terre.

Suggestion de chansons : *Il a tout dit* (chanson ancienne)
                                    Tortue têtue (A. Sylvestre)
                                    Les bêtises (S. Paturel)
                                    Il est trop tard (G. Moustaki)
                                    Ma solitude (S. Reggiani)

Jeu de l'Astronome

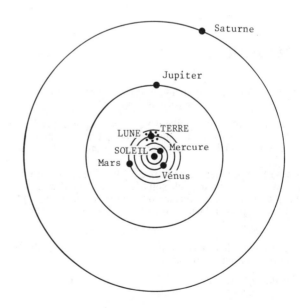

[k]   [g]

DISCRIMINATION

Les sons sont	différents	identiques
coucou		+
quand gant	+	
écho égaux	+	
Gog coq	+	
aigu écu	+	
gueux gueux		+

Les mots énoncés comportent [k]		[g]
troc	+	
Hugo		+
hoquet	+	
grog		+
conque	+	
gag		+

Vous entendez [k] dans la 1ʳᵉ syllabe	2ᵉ syllabe	3ᵉ syllabe
Congo	+	
gigantesque		+
cagoule	+	
convaincant	+	+
collègue	+	
graphique		+ (2e)

Conseil : Si [k] et [g] ne sont pas bien distingués l'un de l'autre dans ces tests ou dans des dictées faites en classe, veillez au cours des exercices de correction à bien faire vibrer les cordes vocales pour [g], et à ne pas les faire vibrer pour [k].

Production

1 et 3 – Mettez la main à la base du cou pour contrôler les vibrations des cordes vocales pour [g].

Les hispanophones doivent veiller à bien appuyer le dos de la langue contre le palais pour [g] comme pour [k] sans laisser passer l'air d'une manière continue.

2 – a) Maintenez l'ouverture de la bouche requise pour la voyelle soit avec un ongle soit avec l'extrémité d'un crayon selon que la voyelle est fermée ou ouverte et prononcez [k] avec beaucoup de relâchement. On ne doit pas entendre de souffle.

La présence de [s], consonne continue, aide à obtenir une consonne moins explosive.

b) Constatez l'explosion de l'air avec la main placée à quelques centimètres de la bouche.

Les exercices peuvent être utilement répétés verticalement.

4 – Mettez un crayon sur la pointe de la langue pour éviter que le dos de la langue ne s'appuie trop et trop en·avant sur le palais lorsqu'un petit « i » est produit avant la voyelle. Ne pas contracter la langue.

Relation son-graphies

c   cc plus fréquentes.
ch se prononce généralement [ʃ] comme dans le mot « chat ».
Il ne se prononce [k] que dans un petit nombre de mots savants (orchestre, chaos, écho, chrétien varech...)
q   qu apparaît dans peu de mots mais est fréquemment employée grammaticalement : qui, que, quoi...
k graphie rare.
Attention Seuil
           Cueil   inversion de « u »
Pour la graphie *cc* voir p. 54 ;
pour *gg* p. 61 et pour *gn* p. 29 (guignol)
gn se prononce généralement [ɲ]. Quelques exceptions :
diagnostic, magnum, gnome...
   g   g   g

TRANSCRIPTION

         g   k   k
En gage, il a donné la cage de son canari.
~   //   //

              g   k   k
Par égard à ce cas, il a fait un écart.
                      //   //

                        g   k
Il a trop mangé de mangues, il en manque.
                      ~   //

     g   k   g
Agacé, il a cassé la glace.
~   //

    g   k   k
Gomme, comme ça ce sera clair.
~~   //   //

       g   k   g   k
Ce gueux a mis une queue de guépard à son cou.
~   //   //

INTÉGRATION

DICTÉE

C'est aigu. Cet écu / Quelle écume. Quel légume / Elle quête. Elle guette / C'est un requin. C'est un regain / Ce sont des bagues. Ce sont des bacs / Quel cycle. Quel sigle.

EXERCICES

1 – unique   ironique   public   métallique
        volcanique   mélancolique   artistique

Constatation : à l'exception de public, les adjectifs masculins terminés par le son [ik] s'écrivent « ique ». Au féminin, il n'y a pas d'exception.

2 – Je zigzague   je zigzaguais
        Nous zigzaguons   nous zigzaguions

        je zigzaguai   je zigzaguerai
        nous zigzaguâmes   nous zigzaguerons

Constatation : les verbes en « guer » gardent le « u » de leur radical même devant les terminaisons commençant par « o » ou « a », bien que ce ne soit pas nécessaire pour la prononciation de [g].

En se fati**guant**, il a mis ses **gants** !
    [gã]   [gã]

Navi**guons** sur des **gon**doles.
    [gõ]   [gõ]

Distraction

1 – Connaissez-vous Rabelais ?

Rabelais conte dans ses romans *Pantagruel* et *Gargantua* l'histoire bouffone ou satirique d'une famille de géants.

Gargantua, fils de Grandgousier et Gargamelle, participe avec frère Jean à la guerre contre le roi Picrochole. Il le récompense en lui faisant construire l'abbaye de Thélème dont le règlement est « Fais ce que voudras ». Gargantua a un fils, Pantagruel, qui, pour étudier, fait un tour de France pendant lequel il va se faire un grand ami, Panurge. Pantagruel combat le loup garou pour défendre son père. Gargantua, pour se venger du peuple de Paris, vole les cloches de Notre-Dame, etc. Ne sachant pas s'il doit se marier, Pantagruel consulte diverses personnes dont Raminagrobis et part en voyage avec Panurge pour avoir l'avis de « l'oracle de la Dive bouteille qui sera Trink » (bois). Pendant ce voyage, Panurge, pour se venger d'un marchand de moutons lui en achète un et le jette à la mer, tous les autres moutons le suivent ! Les deux amis vont d'île en île et font diverses expériences qui permettent à Rabelais d'exposer ses jugements et ses idées. L'île de Quinte Essence sert de prétexte à la critique de la philosophie aristotélicienne et à la critique de la royauté.

1 (e) - 2 (d) - 3 (c) - 4 (b) - 5 (g) - 6 (h) - 7 (f) - 8 (a) - 9 (i) - 10 (j) - 11 (k)
Gargantua - Panurge

Suggestion de chansons : *Gentil coquelicot*
                           Le carillonneur (chansons anciennes)
                           Qu'est-ce qui passe ici si tard ? (à utiliser également pour [t])
                           Les copains d'abord (G. Brassens)
                           Ta Katie (B. Lapointe)

[m] [n] [ɲ]

Perception

[m] est signalé par = (les 2 lèvres) ; [n] par ← (la langue au milieu) ; [ɲ] par ✓ (la pointe de la langue en bas, le dos relevé).

Conseil : Si [m] [n] [ɲ] ne sont pas bien distingués l'un de l'autre dans ces tests ou dans des dictées faites en classe, veillez au cours des exercices de correction à ne pas refermer trop vite la bouche après la prononciation de [m], à bien retirer la langue de son appui sur les dents après la prononciation de [n] et à relever rapidement le dos de la langue vers le palais pour la prononciation de [ɲ].

DISCRIMINATION

Les sons sont		différents	identiques
oh non	oignon	+	
nos	nos		+
plaine	plaigne	+	
nez	mes	+	
peigne	peine	+	
mou	mou		+

Les mots énoncés comportent [m]		[n]	[ɲ]
maman	+		
aime	+		
châtaine		+	
agnelet			+
châtaigne			+
naine		+	

Vous entendez [ɲ] dans la 1ʳᵉ syllabe	2ᵉ syllabe	3ᵉ syllabe
mini-peigne		+
magnanime	+	
mignonnette	+	
mon agneau		+
ne me peigne pas		+
mon oignon		+

Production

C. Les consonnes nasales doivent être sonores et ne pas entraîner la nasalisation des voyelles qui les précèdent.

A D [m] **1.** Mettez un doigt entre les lèvres pour contrôler leur pression.

C. **2.** Vérifiez à l'aide d'un miroir que les lèvres se séparent bien et que la bouche ne se referme pas trop vite pour le [m] final.

A D [n] – **1.** Prenez conscience à l'aide d'un doigt de la contraction de la langue.

C. Pour le [n] final prenez conscience du fait que la langue se retire de son point d'appui sur les dents avant la fermeture de la bouche.

3 a-b Les petits mots inaccentués d'une syllabe se terminant par une voyelle nasale (et le mot « aucun ») se lient avec le mot suivant commençant par une voyelle ou un « h » muet. Prononciation de la voyelle nasale et de « n ».

b La prononciation est la même au masculin et au féminin avec les adjectifs possessifs « mon, ton, son ». On peut parfois entendre un [ɔ] dénasalisé. Cela est très rare.

c La prononciation est la même au masculin et au féminin avec l'adjectif « bon » et les adjectifs se terminant par la voyelle nasale [ɛ̃]. Mais il y a une dénasalisation de la voyelle nasale.

d Attention, il n'y a pas de liaison après un nom, un adjectif ou un déterminant de plus d'une syllabe, se terminant par une voyelle nasale.

D [ɲ] – **1.** Visualisez le mouvement de la langue avec la main. La main est plate pour dire « anneau » ; les doigts s'abaissent et le poignet se relève en disant « agneau ».

INTÉGRATION

DICTÉE

Il mimait. Il minait / Quelle panne. Quel pagne / C'est la marine. C'est la narine / C'est un gnangnan. C'est un manant. C'est un amant.

C'est morne. Ces normes / C'est une borgne. C'est une borne / Quelle reine. Qu'elle règne / Quelle cagnotte. Qu'elle canote.

EXERCICES

1 [ɛ̃] Il craint   éteint   peint   étreint   feint
[ɲ] Ils craignent   éteignent   peignent   étreignent   feignent

[ɛ̃] Il plaint   Il contraint
[ɲ] Ils plaignent   Ils contraignent

Relation son-graphies

Attention aux préfixes !

en   *em* se prononcent [ɑ̃]
    emmagasiner   ennoblir   sauf ennemi
    [ɑ̃magazine]   [ɑ̃nɔbliʁ]   [ɛnmi]

in se prononce [ɛ̃]   [in]
    indiscutable   inaudible   innombrable
    [ɛ̃diskytabl]   [inodibl]   [in(n)ɔ̃bʁabl]

im se prononce [ɛ̃]   [im]
    immangeable   immobile
    [ɛ̃mɑ̃ʒabl]   [im(m)ɔbil]

ing en finale de mots empruntés à l'anglais se prononce [ŋ] : camping, parking.

TRANSCRIPTION

Digne, il se prive de dîner pour payer sa dîme.

Alors non, sans lorgnon, tu ne vois pas l'or mon oncle ?

Mon aîné aimait les araignées. C'est mignon, non ?

Oh non ! Pas d'oignons.

Benêt, ne sais-tu pas faire de beignets aux champignons ?

L'agneau, accroché par un anneau à un arbre couvert de

résine, se résigne.

Les châtaignes sont-elles châtaines ?

Distraction

JEUX

1 **LOTO**. Selon le niveau des étudiants, ce jeu peut traiter plus ou moins de difficultés à la fois.
– des mots pour lesquels « n » et « m » sont prononcés au féminin et ne le sont pas au masculin tels : certain, plein, chien, gamin, lapin, commun, parfum, lycéen, patron, divin, paysan, brun, coquin, etc. ;
– des mots comportant « n » ou « m » devant « p, b ou m » tels : longtemps, jambe, grimpe, enfant, pompon, bonbon, lentement, printemps, ensemble, quand, etc. ;
– des mots comportant les préfixes « en, em, in, im » et dont la prononciation est soit celle d'une voyelle nasale soit celle d'une voyelle orale suivie de « m » ou « n » tels : immobile, emmuré, immeuble, emmener, importation, enhardi, inhumain, inexact, embarcation, immanquable, enlaidi, etc.

2 **DEVINETTES**. L'eau de là (l'au-delà) / une mort sûre (morsure) / je n'en reviens pas (j'ai peine à le croire) / je serai mort / et repens-toi (repends) / des vers (vers de terre).

Suggestion de chansons : *Si tu veux faire mon bonheur, Marguerite* (ronde chantée)
Sur le pont d'Avignon
Branle des vignerons
(chansons traditionnelles)
Mon père m'a donné un mari
(chanson traditionnelle)
Madeleine (Jacques Brel)
Marie Merveille (Édith Piaf)

[f]   [v]

DISCRIMINATION

Les sons sont	différents	identiques
fa va	+	
ouf ouf		+
fi vie	+	
vos vos		+
enfin en vain	+	
Yves if	+	

Les mots énoncés comportent [f]		[v]
veut		+
faim	+	
avant		+
vous		+
effet	+	
Ève		+

Vous entendez [f] dans la 1ʳᵉ syllabe	2ᵉ syllabe	3ᵉ syllabe
favori	+		
vérifier			+
effective		+	
ferveur	+		
festival	+		
vitrifier			+

Conseil : Si [f] et [v] ne sont pas bien distingués l'un de l'autre dans ces tests ou dans des dictées faites en classe, veillez au cours des exercices de correction à bien faire vibrer les cordes vocales pour [v] et à ne pas les faire vibrer pour [f].

Production

C Les lèvres sont écartées ou arrondies selon la voyelle qui accompagne [f] et [v]. Il faut veiller à ce que [f] et [v] soient bien prononcés même en position arrondie.

D 1 – 2 – 3 – Si la lèvre supérieure touche la lèvre inférieure pendant l'émission de [f] ou [v], maintenir celle-ci un peu relevée à l'aide d'un doigt.
Si le menton s'abaisse, l'air n'est plus gêné dans sa sortie et le son est peu audible. Dans ce cas, appliquez la main sous le menton pour l'empêcher de descendre et contrôlez son maintien en bonne position devant un miroir.

D 1 – 3 – À l'aide de la main posée à la base du cou, contrôlez que les cordes vocales vibrent bien pour [v] dès le début et jusqu'à la fin de l'émission de ce son.

Relation son-graphies

Attention :

f de « neuf » se prononce [v] en liaison devant « heures » et « ans »

neuf heures   neuf ans

TRANSCRIPTION

Cette fois-ci, il voit. Il fait fi de la vie.

Enfin, il a transformé l'eau en vin. Cette folle vole en vain...

Le chat griffe la grive. La grève des médecins retarde la greffe.

Sauve qui peut... sauf le chef. Avouez au fou, vos fautes.

Yvonne téléphone.

INTÉGRATION

DICTÉE

Quelle gaffe. Qu'elle gave / Quel fils. Quelle vis / Il vous convie. Il vous confie.

Quelle revue. Quel refus / Il agrafe. Il aggrave / Vendez bien. Fendez bien / Quelle ville. Quel fil.

EXERCICES

1 – « f » est transformé en « ve » mais « bref » devient « brève » avec un accent.

$$[\text{f}] \qquad [\text{p}]$$

Perception

Le texte de Baudelaire dit pour la perception de [f] [v] peut être écouté à nouveau, cette fois-ci pour distinguer [f] de [p]. Il est conseillé de signaler [f] par le symbole – signifiant l'emploi d'une seule lèvre et [p] par le symbole = signifiant l'emploi de deux lèvres, pour l'émission de ces sons respectifs.

Exemple : fantaisie - respirer...

DISCRIMINATION

Les sons sont	différents	identiques
pot faux	+	
papa		+
effet épais	+	
houpe ouf	+	
on fend on pend	+	
faux faux		+

Les mots énoncés comportent [f]		[p]
fou	+	
épie		+
if	+	
enfin	+	
pou		+
happe		+

Vous entendez [f] dans la 1ʳᵉ syllabe	2ᵉ syllabe	3ᵉ syllabe
passif	+	
imparfait		+
perfection	+	
frapper		
possessif		+
simplifier		+

Conseil : Si [f] et [p] ne sont pas bien distingués l'un de l'autre dans ces tests ou dans des dictées faites en classe, veillez au cours des exercices de correction pour [f] à bien appuyer les dents sur la lèvre inférieure avant de dégager celle-ci de leur pression. Pour [p] en évitant que la lèvre inférieure ne rentre sous les dents du haut, veillez à bien presser les deux lèvres pour empêcher un moment la sortie de l'air.

Production

Il est conseillé de travailler [p] (p. 8-9) et [f] (p. 34-35) avant de s'exercer à l'opposition de [p] et [f]. Tentez d'obtenir pour [p] la même explosion d'air que pour [t] et pour [f] le bruit d'un passage d'air continu comme pour [s].
Il peut être intéressant de faire les exercices 1-2-3 a verticalement avant de les faire horizontalement.

D Pour [p], posez un doigt entre les lèvres pour contrôler que les lèvres se pincent bien. Pour [f], maintenir le menton avec la main afin qu'il ne s'abaisse pas avant que la lèvre ne se soit dégagée de la pression des dents supérieures.

C Il est conseillé d'ajouter les symboles - et = pour aider le réflexe articulatoire si celui-ci n'est pas suffisamment aisé.

Relation son-graphies

TRANSCRIPTION

Ce pacifiste a tout fait pour la paix.

Donne lui du pain, il a faim.

Il a fait l'affaire de sa vie en achetant la paire.

Ce n'est pas bien de défendre de dépendre le linge.

Il lui a posé un lapin, c'est la fin de leur histoire.

Il est fier, Pierre. C'est un faon ou un paon ?

La pie fait fi du ver.

INTÉGRATION

DICTÉE

C'est un dépôt. C'est un défaut / C'est une grippe. C'est une griffe / Qu'elle pleure. Quelle fleur / C'est le père. C'est le fer / C'est frais. C'est prêt / Ce sont les forts. Ce sont les ports / Qu'elle étouffe. Quelle étoupe.

[v]   [b]

Perception

Le texte de Baudelaire dit pour la perception de **[f] [v]** peut être écouté à nouveau, cette fois-ci pour distinguer **[v]** de **[b]**. Il est conseillé de signaler **[v]** par le symbole – signifiant l'emploi d'une seule lèvre et **[b]** par le symbole = signifiant l'emploi de deux lèvres, pour l'émission de ces sons respectifs.

Exemple : b̲eau - v̲ie...

DISCRIMINATION

Les sons sont	différents	identiques
viens bien	+	
aube aube		+
bu vu	+	
vous vous		+
Eve Eve		+
habit avis	+	

Les mots énoncés comportent [v]		[b]
banc		+
abus		+
avant	+	
vont	+	
vive	+	
baobab		+

Vous entendez [v] dans la 1ʳᵉ syllabe	2ᵉ syllabe	3ᵉ syllabe
baver	+	
visibilité	+	
bavarder	+	
baliverne		+
verbal	+	
vagabonder	+	

Conseil : Si **[v]** et **[b]** ne sont pas bien distingués l'un de l'autre dans ces tests ou dans les dictées faites en classe, veillez au cours des exercices de correction à ce que la lèvre supérieure ne touche pas la lèvre inférieure lorsque celle-ci se dégage de la pression des dents du haut et à ne pas baisser le menton pendant l'émission de **[v]**. Pour **[b]**, veillez à ce que la lèvre inférieure ne rentre pas sous les dents du haut lorsqu'elle se joint à la lèvre supérieure pour empêcher momentanément l'air de sortir.

Production

Il est conseillé de travailler **[f] [v]** (p. 34) et **[p] [b]** (p. 8) et de faire les exercices 1 et 2 de ce chapitre verticalement avant de s'exercer à l'opposition de ces sons.

Pour **[v]**, à l'aide d'un doigt, empêchez la lèvre supérieure de toucher la lèvre inférieure pendant que celle-ci se dégage de la pression des dents supérieures.

Il est conseillé de ne pas employer le nom de Zazie si [z] présente une difficulté supplémentaire.

Pour **[b]**, à l'aide d'un doigt empêchez la lèvre inférieure de

s'introduire sous les dents du haut lorsque celle-ci se joint à la lèvre supérieure.

Il est conseillé d'ajouter les symboles – et = pour aider le réflexe articulatoire si celui-ci n'est pas suffisamment aisé.

Relation son-graphies

TRANSCRIPTION

Elle est à b̲out d'être à v̲ous.

Il a rattrapé le b̲ol au v̲ol. Il b̲oit trop, il v̲oit double !

La b̲ase du v̲ase est sale. Il est b̲eau, ce v̲eau !

A ton av̲is, cet hab̲it me v̲a b̲ien ?

V̲iens nous v̲oir b̲ien v̲ite, nous irons b̲oire un b̲on v̲erre

de v̲in b̲lanc ou si tu préfères une b̲onne b̲outeille de b̲ière...

INTÉGRATION

DICTÉE

Quelle vallée. Quel balai / Quel débit. Qu'elle dévie / C'est le vent. C'est le banc.
Quels bœufs. Qu'elle veut / Quel grèbe. Quelle grève / Ça va bien. Ça bat bien / Combien avez-vous de cuves ? Combien avez-vous de cubes ?

EXERCICE

Ces chers enfants nous coûtent cher. Vous êtes fort méchants mais ces garçons sont plus forts que vous... Comme ils sentent bon, ces jasmins. Ce sont des battants, ils monteront haut. Ces bâtiments sont hauts. Ils voient clair malgré tout. Ce sont des êtres peu fins mais bons. Nous aimons les tons clairs de ces voix.

Distraction

Suggestion de chansons : *Vent frais Vent du matin, V'là bon vent V'là joli vent, Le furet du bois joli, Va mon ami va* (chansons folkloriques)
Veux-tu monter dans mon beau bateau (A. Sylvestre)
Vert Vert Vert (Véronique Sanson)
La Javanaise (S. Gainsbourg)
Mon frère (Maxime Le Forestier)
Tu verras (Claude Nougaro)

[s]   [z]

DISCRIMINATION

Les sons sont	différents	identiques
si si		+
hausser oser	+	
onze once	+	
zozo		+
as hase	+	
assis Asie	+	

Les mots énoncés comportent [s]		[z]
sans	+	
hisse	+	
usons		+
zoo		+
aise		+
assez	+	

Vous entendez [z] dans la 1ʳᵉ syllabe	2ᵉ syllabe	3ᵉ syllabe
décision		+
ils ont soif	+	
choisissez	+	
ils sont douze		+
sais oser		+
cent quinze	+	

Conseil : Si [s] et [z] ne sont pas bien distingués l'un de l'autre dans ces tests ou dans des dictées faites en classe, veillez au cours des exercices de correction à bien faire vibrer les cordes vocales pour [z] et à ne pas les faire vibrer pour [s]. Attention, les vibrations des cordes vocales ne doivent pas être remplacées par un sifflement, la pointe de la langue est abaissée et non contractée.

Production

C. Un rythme rapide est conseillé pour émettre « qui-quai-qui » « qui-c'est-qui » afin que la pointe de la langue n'ait pas le temps de remonter entre l'émission des deux « qui ». Pour aider le réflexe, il est conseillé de mettre sous la graphie « s » le symbole ↓ (pointe de la langue en bas) chaque fois que le son n'est pas suffisamment bien produit.

D 1 – 2 – 3 – 4 – Si la pointe de la langue n'est pas suffisamment abaissée, posez un crayon ou un doigt sur la langue.

D 2 – 4 – Posez la main à la base du cou pour contrôler que les cordes vocales vibrent bien pour [z]. [g] favorise la position basse de la pointe de la langue ainsi que [m] la sonorité de [z].

A 2 – 4 – Exagérez durant les exercices de correction les vibrations des cordes vocales pour les mots comportant un [z]. Les voyelles sont toujours sonores, en conséquence les cordes vocales vibrent lors de l'émission de mots comportant un [s] mais cette réalisation doit être beaucoup plus perceptible avec les mots comportant un [z] consonne sonore.

C. 3 – Dans un premier temps, il est conseillé de cacher la deuxième ligne de l'exercice.

Relation son-graphies

C. **Attention :** Le préfixe « trans » suivi d'un radical commençant par une voyelle se prononce avec [z].

Exemples : transit - transatlantique

TRANSCRIPTION

Ils ont soif, ils sont assoiffés.

Cette boisson est un poison.

Je te conseille cette glace qui s'appelle « le dessert du désert ».

Il assure que ses yeux sont d'azur.

Ils s'aident lorsqu'ils aident les autres.

Ils aiment leurs enfants mais est-ce qu'ils s'aiment ?

Chacun de leur côté, ils apprennent beaucoup de choses

qu'ils s'apprennent ensuite.

Nous savons que nous avons deux heures à attendre

ces deux sœurs.

INTÉGRATION

DICTÉE

Ils lissent. Ils lisent / Ils écrivent. Ils s'écrivent / Il visait. Il vissait /
C'est cassé. C'est casé / Ils attendent. Ils s'attendent / Les pouces. L'épouse / Les cieux. Les yeux / Dis cent. Dix ans.

EXERCICES

1 – Tous nos amis sont venus. Tous savent le français mais ils parlent tous à tort et à travers. Tous les sons du français ne sont pas faciles à prononcer. La phonétique est au service de tous ! Que tous l'étudient !

« s » est prononcé quand « tous » est un pronom.
« s » n'est pas prononcé quand « tous » est un adjectif.

2 – Ces fous, ils ne sont plus du tout à leurs études ! Ils ne vont

plus à l'université.
  z

Ils ne savent même plus dire 1 plus 1, deux ! Leurs parents se
                    s

font beaucoup de soucis et ils s'en font plus... depuis qu'ils
                                      s

savent leurs enfants plus intéressés par la télévision que par
                     z

leurs études. Sylvain est plus bête que méchant. Lui, il en fait
                      s

toujours plus mais il n'en peut plus.

« s » ne se prononce pas devant une consonne et se prononce
[**z**] devant une voyelle.
             z

(plus bête - plus intéressé)

En position finale, avec un sens négatif, le « s » de plus ne se
prononce pas ; avec un sens positif, il se prononce généralement.
                              s
(il n'en veut plus - il en veut plus)

                t   s   t
3 – démocrate - démocratie - démocratique

               t   s   t
   - diplomate - diplomatie - diplomatique

             t   s   t
   - prophète - prophétie - prophétique

              t   s   t
   - aristocrate - aristocratie - aristocratique

        s   t
   - diction - dictée.

t suivi de « ie » se prononce parfois [s]. (Voir p. 95)

        s   s   s   s   s   s
4 – parasol, tournesol, aérosol, entresol, asymétrie, vraisem-
          s   s   s   s
blable, contresens, antisémite, monosyllabe, présélection, cosi-

gnataire.

Le « s » entre deux voyelles est, dans ces mots, prononcé [**s**]
parce qu'il garde la prononciation du son initial du radical
(sol).
                     z
Dans le mot transatlantique le « s » se prononce [**z**], il n'est
pas initial du radical « atlantique ».

5 – il place   il plaçait   il placera   il plaça
     nous plaçons nous placions nous placerons nous plaçâmes
     vous placez vous placiez vous placerez vous plaçâtes

il s'aperçoit – il s'apercevait – il s'aperçut – il s'est aperçu.

« C » est toujours prononcé [**s**] mais avec une cédille devant
« a-o-u »

6 – initier   métier   inventions   inventions
     s (verbe en « tier ») t (nom en « tier ») t (verbe en « ter »)   s (nom)

Égyptien maintient question relation initialement bestial
  s (nom)   t (verbe tenir)   st   s   s   st

portions portions portiez
   t (verbe)   s (nom)   t (verbe)

Distraction

Classe de calcul mental : Prononciation des chiffres.
En position finale, la consonne finale est généralement prononcée à l'exception de deux, trois, vingt, cent.
Devant une consonne, la consonne finale n'est généralement
pas prononcée à l'exception de : u**ne**, qua**tre**, sep**t**, neu**f** (vingt
uniquement accompagné d'autres chiffres).
Devant une voyelle, la consonne finale est prononcée :
une élève - un élève   (voir p. 27)
[ynelɛːv]   [œ̃nelɛːv]
à l'exception de cent et quatre-vingt accompagnés des chiffres
un, huit, onze.

Attention : « x » et « s » se prononcent [**z**] : deux élèves -
trois élèves.
   z   z

« f » se prononce [**f**] neuf élèves, mais il se prononce [**v**]
                                    f
avec « ans » et « heures » neuf heures.
                                       v

Attention : cent et vingt prenant la marque du pluriel, [**z**] est
prononcé en liaison
quatre-vingts élèves   deux cents élèves
          z   z

mais il n'y a pas de liaison lorsqu'ils sont suivis d'un autre
chiffre
quatre-vingt-un   deux cent onze
Pour les dates, il y a une tendance actuellement à prononcer la
consonne finale.

Suggestion de chansons : *Un deux trois, je m'en vais au bois*
                                  (comptine)
                         Le temps des cerises (chanson tradi-
                         tionnelle)
                         Au bord de l'eau (paroles de Sully
                         Prudhomme, musique de Gabriel
                         Fauré)
                         Si tu t'imagines fillette, fillette
                         (paroles de R. Queneau)
                         Les feuilles mortes (J. Prévert)
                         Les biches (J. Brel)

X - C

C Correction [ks] et [gz]
    Les exercices doivent être fait en cachant les mots compor-
tant un « x » tels : taxi - Mexique - toxique - excès... ; exercice
- examen - exonéré...

EXERCICES
1 – [**k**] accaparé - accumulation - accord - cacao - cuivre -
comme - cumule - accueilli - aucune - occasion.
    [**ks**] accélérés - Occident - fonction
    [**s**] forçat - reçu - ceci - agaçant - garçon.

[ʃ]   [ʒ]

DISCRIMINATION

Les sons sont	différents	identiques
chez j'ai	+	
hanche ange	+	
chaud chaud		+
agis hachis	+	
chant gens	+	
auge auge		+

Les mots énoncés comportent [ʃ]		[ʒ]
chat	+	
jeu		+
huche	+	
ai-je		+
en jus		+
hochet	+	

Vous entendez [ʒ] dans la 1ʳᵉ syllabe	2ᵉ syllabe	3ᵉ syllabe
chargement	+	
jucher	+	
décharger		+
échanger		+
chauffage	+	
chirurgie		+

Conseil : Si [ʃ] et [ʒ] ne sont pas bien distingués dans ces tests ou dans des dictées faites en classe, veillez au cours des exercices de correction à bien faire vibrer les cordes vocales pour [ʒ] et à ne pas les faire vibrer pour [ʃ].

Production

D 1 – 3 – 4 – 5 – 6 – Partez de la position de [s-t-d-l] puis remontez et reculez la langue pour prononcer [ʃ] ou [ʒ]. Si l'aide de ces consonnes n'est pas suffisamment efficace, maintenez la pointe de la langue relevée à l'aide d'un crayon ou d'un doigt. Si l'étudiant prononce « tch » ou « dje » c'est qu'il a émis le son avant d'avoir suffisamment relevé la pointe de la langue.

C. Le symbole ↑ (pointe de la langue en haut) est indiqué sous « ch » pour aider le réflexe.
Le symbole ← indique la position médiane de [t] et [d].
Le symbole ↓ indique la position basse pour [s].

D 2 – 7 – Mettez la main au niveau de la pomme d'Adam pour contrôler que les cordes vocales vibrent bien du début et jusqu'à la fin de l'émission du son pour [ʒ]. Les vibrations sont beaucoup moins ressenties dans les mots comportant [ʃ] puisque [ʃ] est sourd. Les voyelles sont toujours sonores.

STABILISATION : C. Debussy - H. Berlioz - Ch. Gounod - G. Bizet

Relation son-graphies

TRANSCRIPTION

Rappel : le son peut être chuchoté durant la transcription.

Personne n'ose bouger devant le boucher.

Il agit vite et fais vite du hachis.

Tu bouges toujours la bouche, tu ne devrais pas.

Le chien mange la manche de mon gilet.

La chatte blanche a déjà renversé la jatte de lait des chats

de Jean.

Ton chapeau a la même couleur que ton jabot.

Le chêne me gêne pour prendre la photo.

Les cageots sont dans le cachot.

INTÉGRATION

DICTÉE

C'est la bêche. C'est la beige / J'ai dégagé. J'ai des cachets / C'est léché. C'est léger.
Elle se fiche. Elle se fige / C'est une cage. C'est une cache / C'est pour jeter. C'est pour acheter / Quelle chaîne. Qu'elle gêne.

EXERCICES

1 – [ʃ] chanter - chameau - chemin - chercheur - architecte.

2 – [ʒ] en début de mot s'écrit généralement « j ».
en fin de mot, s'écrit généralement « g » (à l'intérieur, « g » est plus fréquent que « j »).

3 – [ʒ] gigot - rouge-gorge - geint - gageure - gorgée - gère - gigantesque - gageons - pigeon - suggérer - geai - Gide.
Tous les autres « g » se prononcent [g]

[s] [z] [ʃ] [ʒ]

DISCRIMINATION [s] [ʃ]

Les sons sont	différents	identiques
c'est chez	+	
haché assez	+	
hochons hochons		+
hache as	+	
haussons haussons		+
os hoche	+	

Les mots énoncés comportent [s]		[ʃ]
chat		+
assis	+	
hanche		+
sous	+	
anse	+	
hochez		+

Vous entendez [ʃ] dans la 1ʳᵉ syllabe	2ᵉ syllabe	3ᵉ syllabe
chasser	+	
sècheresse		+	
chaussure	+	
s'attacher			+
sous couche		+	
ils sont chers			+

Conseil : Si [s] et [ʃ] ne sont pas bien distingués dans ces tests ou dans des dictées faites en classe, veillez au cours des exercices de correction, à bien placer la pointe de la langue en bas pour [s] et à bien la relever vers le palais pour [ʃ].

DISCRIMINATION [z] [ʒ]

Les sons sont	différents	identiques
j'ai j'ai		+
Asie agit	+	+
usons usons		+
ose auge	+	+
âgé âgé		+
ai-je aise	+	

Les mots énoncés comportent [z]		[ʒ]
je		+
onze	+	
engin		+
ange		+
zazou	+	
enjeu		+

Vous entendez [ʒ] dans la 1ʳᵉ syllabe	2ᵉ syllabe	3ᵉ syllabe
ils enjolent			+
zone jaune		+	
jalousie	+	
mangez-en		+	
ils allègent			+
vous jasez		+	

Conseil : Si [z] et [ʒ] ne sont pas bien distingués dans ces tests ou dans des dictées faites en classe, veillez au cours des exercices de correction à bien placer la pointe de la langue en bas pour [z] et à bien la relever pour [ʒ]. Les cordes vocales vibrent pour ces deux sons.

Correction

D 1 – Si la langue ne se place pas suffisamment en bas pour [s], posez un doigt ou un crayon sur celle-ci pour l'abaisser.
Inversement, si la pointe de la langue ne recule pas et ne se relève pas assez pour [ʃ], maintenez-la en haut à l'aide d'un doigt ou d'un crayon.
N'oubliez pas de travailler devant un miroir pour vérifier ces positions et en prendre conscience.

D 2 – Pour [z] et [ʒ], on procède de même. On peut en plus vérifier les vibrations des cordes vocales à l'aide de la main posée à la base du cou.

C. Les lèvres arrondies favorisent la prononciation de [ʃ] et [ʒ] mais attention à ne pas exagérer cette caractéristique lorsque ces sons sont accompagnés des voyelles écartées [i e ɛ a ɛ̃].
Notamment : J'ai

C. Il est conseillé de mettre, selon l'erreur articulatoire, le symbole ↑ ↓ ‿ ∥ sous le son mal produit afin d'aider le réflexe, si cela est encore nécessaire.

TRANSCRIPTION

Chasseur ! chassez sans excès !

Achetez la gazette de la gachette !

Le dégel de la Bourse donne des ailes à César !

Il a changé ses devises.

Viens à la maison, dimanche, je mange chez moi.

J'ai des amuse-gueule et des saucisses.

Ce geste vaut un bisou, chérie. Ces cils, quel danger !

Cécile. Et ces cheveux, je veux les voir !

INTÉGRATION

DICTÉE

1 – Six noix. Chinois / Quelle échelle. Quelle aisselle / Il est percé. Il est perché.

C'est en mars. C'est en marche / C'est taché. C'est tassé / C'est une brosse. C'est une broche / C'est un soc. C'est un choc.

2 – Il rase. Il rage / C'est la légion. C'est la lésion / C'est un agile. C'est un asile.

C'est une cage. C'est une case / C'est le zeste. C'est le geste / C'est un pigeon. C'est un bison / Il lui donne un bijou. Il lui donne un bisou.

3 –

os	âge	baisse	case	j'eusse	les pouces
ose	hase	bêche	casse	j'use	les bouges
Hoche	hache	beige	cache	juche	l'épouse
auge	as	baise	cage	juge	les bouches

EXERCICE
Ils échangent - Ils s'échangent...
z   s

Suggestion de chansons : *Quand j'ai mamie auprès de moi* (chanson folklorique)
Je chante (Charles Trénet)
Tu sais, je sais (Jacques Douai)
La Ziza (Balavoine)
Je suis comme je suis (poème de J. Prévert)

Perception

Les sons [R] et [l] sont signalés par les symboles ↓ langue en bas ↑ langue en haut.

DISCRIMINATION

La discrimination de [n] *n'est pas nécessaire* pour beaucoup d'étudiants. Cet ajout, utile pour beaucoup d'Asiatiques, ne rend qu'un peu plus complexe la distinction de [R] et [l]. Éventuellement le professeur peut remplacer les mots comportant un « n » par des mots comportants un « d » un « t » ou (pour les hispanophones) un « g » si la production écrite ou orale de ses étudiants révèle une confusion avec ces autres sons.

Les sons sont	différents	identiques
l'eau nos rôt	+	
la la la		+
riz nid lie	+	
ron ron ron		+
nu rue lu	+	
non non non		+
roue roux loup	+	

Les mots énoncés comportent [R]	[l]	[n]
rire	+		
île		+	
année			+
lilas		+	
arrêt	+		
nenni			+
lent		+	

Vous entendez [R] dans la 1ʳᵉ syllabe	2ᵉ syllabe	3ᵉ syllabe
narrez-le	+	
relis-nous	+	
le renard	+	
renoue-le	+	
non relu	+	
renie-le	+	
lapinière		+

Conseil : Si [R] et [l] ne sont pas bien distingués dans ces tests ou dans des dictées faites en classe, veillez au cours des exercices de correction à bien placer la pointe de la langue en bas pour [R] et bien en haut pour le [l]. Pour [n] elle se trouve au milieu, à la pointe des dents du haut (de même pour [t] [d]). Pour [g] les hispanophones doivent veiller à bien appliquer le dos de la langue contre le palais, l'air ne doit pas sortir librement.

Production

C Il est conseillé de ne pas écrire « r » sur le tiret avant que le son n'ait été bien prononcé plusieurs fois afin de ne pas déclencher, par la vue de cette graphie, le retour au réflexe de la langue maternelle. Par contre, pour aider le réflexe de la langue en bas, il est recommandé de mettre le symbole ↓ sous la graphie de « r », chaque fois que la prononciation de [R] n'est pas suffisamment correcte.
[k] et [g]* sont très favorisants à la bonne prononciation de [R], [s] [ɛ] [a] à la position basse requise pour la pointe de la langue, aussi est-il conseillé de s'exercer particulièrement avec l'exercice 1 a-b-c et d'y revenir tant que le [R] n'est pas bien produit dans d'autres situations ou contextes.

CORRECTION [R]

D Pour aider la langue à ne pas bouger, appuyez la langue, la pointe retournée vers le bas, contre les dents du bas puis soupirez profondément. Si la pointe de la langue ne reste pas en bas, posez un doigt ou un stylo sur la pointe de la langue pour la maintenir abaissée. Attention, le profond soupir ne doit pas être remplacé par un bruit de gargarisme.

Ceci est valable pour tous les exercices.

C **2** – Après l'exercice 1 l'immobilité de la langue pendant toute l'émission du son devrait être plus facilement

---

* Il est conseillé aux hispanophones qui ont encore des difficultés avec [g] de ne pas employer les exemples comportant ce son.

contrôlée. La présence de [**k g s**] dans le 1er mot facilite la prononciation de [**R**], tentez de garder la position de la première syllabe de ce mot pour prononcer le 2e mot. Veillez à ne pas prononcer trop brièvement le [**R**] final, et à garder, pendant toute son émission, la pointe de la langue en bas. C'est une consonne qui allonge la durée de la voyelle accentuée (voyelle qui porte l'accent tonique), la syllabe doit donc être d'autant mieux prononcée.

A 3 – Prenez garde à la bonne résonance thoracique, sinon il est à craindre de n'entendre que le souffle d'un « h » aspiré.
Appuyez la main sur le haut du thorax pour ressentir cette résonance.

4 – Veillez en particulier pour le [**R**] initial à ne pas bouger les lèvres pendant toute l'émission du son. Les lèvres sont dans la position de la voyelle. Dites « i » « ri » / « ou » « rou ».
Avant d'aborder la répétition de l'exercice (six « usses » six-usses), il faut absolument savoir prononcer correctement [**y**] entouré de [**i**]. Contrôlez-le avec l'exercice 2 p. 47, du tome 1. [**s**] et [**i**] sont des sons très favorables pour le maintien de la langue en avant, nécessaire à cet exercice. Il est recommandé de répéter les syllabes de cet exercice sur un rythme rapide pour que la langue reste dans une position similaire à celle de [**s**] et [**i**].

Il est très important que l'étudiant ne connaisse pas trop l'aboutissement de l'exercice, le dernier mot suscitant fréquemment un blocage psychologique qui en rend la prononciation doublement difficile.

5 – Si les exercices précédents ont été bien travaillés, il n'y a plus de très grandes difficultés pour cet exercice si ce n'est pour certains groupes de consonnes selon les langues maternelles : « tr » pour les anglophones ; « gr » « cr » pour les hispanophones... Il faut dans ces cas, travailler précédemment le [**t**] et le [**k**] [**g**]. Ne pas oublier le doigt sur la langue pour la maintenir abaissée notamment pour [**t**] ou la main sur le cou pour contrôler les vibrations des cordes vocales pour [**g**].

6 – Dans un groupe liquide (consonne + r + e), en position finale, [**R**] est chuchoté. Aidez-vous des premières phrases, dans lesquelles [**R**] est prononcé en enchaînement pour l'émettre chuchoté. Dans un langage familier, il n'est pas toujours prononcé [**kat**] pour [**katr**].

7 – La position basse de la langue pour [**R**] est facilitée par la présence de « ci » puis elle ne l'est plus par « mi » puis elle est défavorisée par « di » et encore plus par « ler » et « champs » pour lesquels la langue remonte de plus en plus. Par anticipation de la position requise pour ces sons, la langue remonte souvent avant la fin de l'émission de [**R**]. Attention à ne pas remonter la pointe de la langue trop tôt.

8 – Il est conseillé de cacher durant l'exercice les mots « sacré, sucré, ça craque, après ».

STABILISATION

[**R**] étant articulé avec le dos de la langue, il est possible, sans altérer sa prononciation, de pousser à l'aide d'un crayon la pointe de la langue très en arrière pour la prononciation de « ou » avec « r » ce qui évitera une confusion avec [**ɔ**] ou [**o**] (à mort pour amour).

CORRECTION [l]

D 1 – **a) b)** Un grand nombre d'étudiants, par le fait de leur système phonologique, remontent trop la pointe de la langue vers le palais (position rétroflexe) ; il est conseillé avant de faire l'exercice de répéter plusieurs fois [**ɛl**] en mettant un doigt sur la langue posée sur les incisives inférieures pour prendre conscience de la position plus basse et plus plate du « l » français, très léger.

C 1 – Cette position est favorisée dans les exercices a) et b) par le voisinage des sons [**k-g-s-z-**] pour lesquels la pointe de la langue est en bas.
c) L'antériorité de [**i**] est gênée par l'articulation de [**l**] ce qui rend difficile la bonne prononciation de « il » parfois confondu avec « elle ». La rapidité de la production des exemples de cet exercice ne permet pas, avec l'entourage de [**k**] et [**s**], une élévation trop grande de la langue pour [**l**]. Ces exercices peuvent être répétés verticalement puis horizontalement.

D 2 – Il est conseillé de mettre le symbole ↑ chaque fois que la prononciation de [**l**] est défectueuse.
Pour prendre conscience de la position de [**l**], dites [**l**] en maintenant la langue en haut à l'aide d'un doigt.
a) Pour les étudiants qui ne parviennent pas à garder la pointe de la langue en haut, il est possible de s'aider de [**ʃ**] [**ʒ**] à la condition que ces sons ne présentent pas de difficultés. Dans le cas contraire, les exercices b) c) sont conseillés.
b) c) Partant de la position de [**d**] ou [**n**], il faut bien remonter la langue, appliquant le conseil d'Aristote.

3 – Il est conseillé de cacher durant l'exercice les mots « baclé, clé, plat, boucler ».

CORRECTION [R] [l]

1 – Les exercices peuvent être faits horizontalement et verticalement. Il est conseillé d'accompagner d'un mouvement de la main en bas [**R**], au milieu [**t - d - n**], en haut [**l**].
↓   ←   ↑

2 – Dans cet exercice très difficile, la chute de [**ə**] n'est pas appliquée. Cet exercice peut être repris en tenant compte de la chute de [**ə**] mais bien évidemment après avoir dominé les difficultés dues à [**R-n-l**].

Relation son-graphies

[R]

Habituellement, deux consonnes semblables se prononcent de la même manière qu'une seule (terrain). Cependant, dans certains cas, les consonnes doubles ont un rôle distinctif important comme pour les verbes mourir, courir et leurs dérivés à l'imparfait et au conditionnel ; au futur et au passé simple :
je courais, je courrais ; il mourra
     R   RR   RR
Dans les mots terminés par « er » (« r » non prononcé) « r » est souvent prononcé en liaison (dernier étage).
Attention : dans le mot « cher » le « r » est prononcé.

[l]

Voyelle + *il* ou *ill* (voir [**j**] p. 85).
Exemple : ail   travaille
         [aj]   [aj]

Consonne + *ille* = [**ij**] généralement (voir [**j**] p. 85).
Exemple : fille   famille

Exceptions : ville, mille, tranquille...
        l   l   l

Un mot commençant par « l » et précédé du préfixe « il » peut se prononcer [ilegal] ou [illegal].

TRANSCRIPTION

Est-ce avec de la laine que la reine Mathilde

broda sa célèbre tapisserie ?

Les sabots d'Hélène lui ont-ils été offerts

par des reines ? Ce présent est plaisant !

Quels cils, mon Sire. Cette branche est blanche

de fleurs. Ta mère démêle-t-elle la laine ?

L'enfant rit et lit tout à la fois. Allait-il t'attendre

à cet arrêt chaque matin ? Il travaillera à

plein temps, le printemps prochain. Ne laisse

pas traîner les plans, prends-les.

INTÉGRATION

DICTÉE

1 – Regarde le canard. Regarde le canal / Ce sont les prix. Ce sont les plis / Il est galant. Il est garant.

Tiens la rampe. Tiens la lampe / C'est un flan. C'est un franc / Ce sont des loups. Ce sont des roues / C'est le bol. C'est le bord.

2 – Regarde la barre. Regarde la banne. Regarde la balle / Quel arrêt. Quelle allée. Quelle année / Nous nions. Nous rions. Nous lions.

Tu errais. Tu hélais. Tu aidais / Je viens de donner. Je viens le donner. Je viens redonner / Cette fille qui ne le regarde pas lui plaît.

Je lis. Je dis. Je ris. Je nie / J'erre. J'aide. Gèle. Gêne / Il y a des laies. Il y a des raies. Il y a des nez. Il y a des dés / Cette balle, ne la lui redonne pas !

Selon les difficultés des étudiants, il est possible de créer des dictées similaires avec des mots comportant [g] ou [t] (barre-bague-balle) (arrêt-athée-allée).

EXERCICES

1 – futur, architecture, mur, piqûre, fémur, brûlure, aventure, azur, murmure, augure.
À l'exception de mur, futur, fémur et azur, les noms qui se terminent par [yʀ] s'écrivent avec un « e » (attention ! [ʀ] est défavorisant pour l'antériorité de la langue nécessaire à [y]).

2 – vestibule, calcul, pilule, crépuscule, recul, pendule, véhicule, consul, scrupule, cellule, libellule. ([l] rend également difficile la prononciation de [y]. Avancez bien la langue.)
À l'exception de calcul, recul, consul (bulle, tulle avec 2 « ll »), les noms qui se terminent par le son [y] s'écrivent avec un « e ».

3 – aire, hère, erre, haire, air, air, air, ère.

Distraction

Suggestion de chansons : *À la queue leu leu* (comptine) bon pour le [l] trop rétroflexe. *Le menuet du Bourgeois gentilhomme* de Molière (bon pour le [l] insuffisamment prononcé). *Un lilas pour Eulalie – Lucile et les libellules* de Yves Duteil.

Pour [ʀ], attention, le « r » est habituellement roulé dans le chant, beaucoup plus rarement maintenant dans la chanson moderne. Le « r » étant une consonne très employée, la plupart des chansons peuvent être un support, il suffit de choisir l'interprète qui ne roule pas le [ʀ].
Trois jeunes tambours. Le Sire de Framboisy (chansons traditionnelles). *Tortue têtue* (Anne Sylvestre), etc.

[j] [ɥ] [w]

Perception

Dans ces textes, le son **[j]** est signalé par ↙ (pointe de la langue en bas, le dos relevé) le son **[ɥ]** par ← (langue en avant) et **[w]** par → (langue en arrière).

DISCRIMINATION

Vous entendez la semi-voyelle dans le	1ᵉʳ mot ou	le 2ᵉmot
peu pieux		+
maille malles	+	
la belle l'abeille		+
baie biais		+
sain sien		+
pion pont	+	
veillée vêler	+	
vais-je veille		+
veulent veuillent		+
fille fige	+	
balais billet		+
bille bile	+	

Les sons sont	différents	identiques
lui luit		+
nier nuée	+	
bouée buée	+	
pile pille	+	
vois vois		+
nuée nouée	+	

Les mots énoncés comportent [j]	[ɥ]	[w]
entier	+		
nuée		+	
nouille	+		
niais	+		
nouer			+
enfui		+	

Vous entendez [w] dans la 1ʳᵉ syllabe	2ᵉ syllabe	3ᵉ syllabe
lui, croyait		+	
envoyons-lui		+	
jouez-lui mieux	+		
suis-moi bien		+	
huit filles douées|		+
moins d'appui	+		

Conseil : Si **[j]** n'est pas bien perçu, veillez au cours des exercices de correction à ce que le dos de la langue soit bien remonté afin d'ajouter au souffle de la voyelle le bruit de la consonne.
Si les sons **[j]** et **[ɥ]** sont confondus, veillez au cours des exercices de correction, à ce que les lèvres soient écartées pour **[j]** et arrondies pour **[ɥ]**.
Si les sons **[ɥ]** et **[w]** sont confondus, veillez, au cours des exercices de correction, à ce que la langue soit bien en avant pour **[ɥ]** et bien en arrière pour **[w]**.

Production [j-ɥ-w]

Il est bien évident que l'étudiant doit savoir bien prononcer les sons **[i] [y]** et **[u]** avant d'aborder la difficulté de la rapidité d'émission des semi-voyelles correspondantes. Si ce n'est pas le cas, c'est l'occasion de proposer à l'étudiant une révision des sons qui ne sont pas encore suffisamment acquis, en utilisant les astuces Démosthène propres aux difficultés rencontrées.
De même pour les voyelles ou les consonnes dont la production est rendue plus délicate par le voisinage d'une semi-voyelle.
Ainsi, il est conseillé de retravailler la position antérieure de la langue si les mots « cieux » ou « cueille » ne sont pas bien prononcés ; la position des lèvres pour le mot « pion », etc.
Les caractères sont parfois en gras pour indiquer et rappeler la durée de la voyelle.
Selon les difficultés, il est favorable de faciliter le réflexe articulatoire en mettant le symbole de la position non respectée selon le modèle.

D 1-4-5 Accompagnez les séquences

bi   hein / bi   hein / bi   hein   bien
 i   ɛ̃ / i   ɛ̃ / i   ɛ̃   jɛ̃

Q I / Q I / Q I   cuit   où à / où à   ouah
 yi   yi   yi   ɥi   u a   u a   wa
d'un claquement de mains de plus en plus rapide pour finalement glisser sur la semi-voyelle. N'oubliez pas que la dernière voyelle est plus longue et que toutes les autres ont une même durée.

STABILISATION
Clovis-Dagobert (Mérovingiens) Charlemagne (Carolingien) Philippe Auguste (Capétien)

Relation son-graphies

Lorsqu'il est fait mention de 2 consonnes, il s'agit d'un groupe liquide (une consonne suivie de « r » ou de « l » : crier - plier) et non d'une consonne double ou de consonnes situées dans des syllabes différentes.

[ɥ] Attention :

1) Précédé de 2 consonnes et suivi d'une voyelle autre que « i » « u » garde sa valeur de voyelle.

Exemple : cruel   concluant...
              yɛ (2 syllabes)   yã (2 syllabes)

2) Dans la graphie « gu » ou « qu » suivie d'une voyelle écrite, la lettre « u » est généralement muette (anguille - équilibre) cependant dans quelques mots, elle se prononce :

[ɥ] aiguille - linguiste - ambiguïté - exiguïté -
ɥ   ɥ   ɥ   ɥ

    contiguïté - consanguinité...
       ɥ   ɥ

    équilatéral - ubiquité...
      ɥ   ɥ

[w] jaguar - Guadeloupe - linguaphone...
       w   w   w

    équateur - aquatique - quadragénaire...
    w   w   w

[w] Attention :

1) Précédé dans une même syllabe de 2 consonnes et suivi d'une voyelle prononcée « ou » garde sa valeur de voyelle.
Exemple : trouer - clouez
         ue   ue (2 syllabes)

2) « ou » suivi de « ill » garde sa valeur de voyelle [u]
Exemple : souille - bouillon
        uj   ujõ

3) *oi* = [ɔ] dans les mots oignons - encoignure...
                ɔ   ɔ

   oe = [wa] dans quelques mots : moelle - poêle...
                       wa   wa

   oy en finale absolue = [wa] : Fontenoy
                                  wa

TRANSCRIPTION

   w   w   w   j
Jouons avec les joints ! Le loueur a vu le lieur
→   →   →   ↙

        ɥ   j   ɥ
dans la lueur du matin. Pierre s'est enfui et
←   ↙   ←

           w   w ɥ
il s'est enfoui dans les fourrés. Louis, lui,
          →   → ←

j   j   j
lia bien les lacets de ses souliers.
↙ ↙   ↙

     ɥ   aj
Elle cuit les ailes de raie avec de l'ail.
←   ↙

         aj   εj
Elle met son maillot à rayures.
          ↙   ↙

  aj   aj   εj
Qu'il aille chercher le haillon sur le rayon.
↙   ↙   ↙

       εj   aj
Il aiguise son crayon sur le caillou.
        ↙   ↙

      ɥ   j
Recréons aujourd'hui ce que nous créions
         ←   ↙

     ɥ   yje
jadis. Ne tuez plus ce que vous tuiez, là-
       ←   ↙

   w   ɥ   uje
bas. Louez aujourd'hui ce que vous louiez
    →   ←   ↙

          w   w   w
jadis. Pourquoi bois-tu ? J'ai soif. Et toi ?
     →   →   →

  w   w   w   w   w
Bois moins ! François a besoin de toi !
→   →   →   →   →

INTÉGRATION

DICTÉE

1 – C'est la luette. C'est l'alouette / C'est lui. C'est Louis / Ce babouin fait. Ce bas bien fait / Le suint. Le soin.

C'est plein de biais. C'est plein de buée / Si noueux. Sinueux / C'est une ruelle. C'est une rouelle / Quelle bouée. Quelle buée.

Il riait. Il ruait. Il rouait / Quel loueur. Quelle lueur. Quel lieur / C'est une muette. C'est une mouette. C'est une miette / Quelle nuée. Qu'elle niait. Qu'elle nouait.

2 – Paille. Page / Les mages. Les mailles / Pigeon. Pillons / Léger. L'ayez / Âgé. Aillé / Layette. Les jette / La beige. L'abeille.

Distraction

JEU

fois, foie, foie, Foix, foi, fois, fois, foie, Foix, foi, Foix.

Suggestion de chansons : *Sur la route de Chatillon*
La Bourgogne - Le roi Dagobert
(chants folkloriques)
Je suis comme je suis -
La vie en rose (E. Piaf)
Ces gens-là, Ne me quitte pas
(J. Brel)

Jeu du dictionnaire : rhume - rhum - rhododendron - parfum - clown - appendicite - abdomen - macadam - emmagasiner - immobile - immangeable - à jeun - aiguille - anguille - équilibre - équilatéral - qualité - aquatique - équipage - équateur.

TEST DES CONSONNES ACCOMPAGNÉES DE [i]

Si tu tombes sur la case 3, va sur les rives du Nil (10)
                         4, va filer le fil (9)
                         7, retourne dans la ville de Lille (6)
                        15, reste au nid un tour
                        18, retourne dix cases en arrière (8)
                        22, reste ici deux tours
                        25, va rejoindre Gilles (31)
                        28, va prendre des risques (44)
                        32, va te faire soigner à la clinique (54)
                        34, va lire les livres de Gide (56)
                        35, reste au gîte un tour
                        36, va compter jusqu'à 10 (57)
                        41, va faire rire le triste (86)
                        42, dîne à midi (46)
                        47, dîne avec du maïs (42)
                        48, mime le fumeur de pipe (19)
                        49, va voir le séisme en Sicile (60)
                        51, visite Nice (14)
                        54, va au lit et restes-y 2 tours (55)
                        58, reste ici un tour
                        61, va dans le vide (62)
                        63, va voir *Le Cid* (96)
                        65, tu es riche (76)
                        67, l'ibis va au nid (15)
                        69, va faire ses rites (16)
                        77, mise sur pile (78)
                        80, cite « 6 » (45)
                        85, va dans l'île de Sicile (60)
                        90, retourne à la case départ
                        92, la bise souffle sur la cime (91)
                        93, tu glisses sur la cire (83)
                        95, le cygne crie (87)

TEST DES CONSONNES ACCOMPAGNÉES DE [i]

Départ 1 quitte, 2 vit, 3 lit, 4 file, 5 riz, 6 Lille, 7 ville, 8 pli, 9 fil, 10 Nil, 11 ride, 12 niche, 13 rime, 14 Nice, 15 nid, 16 rite, 17 Nîmes, 18 dîme, 19 pipe, 20 lisse, 21 prix, 22 gît, 23 bile, 24 vive, 25 Philippe, 26 Vise, 27 rixe, 28 vivre, 29 if, 30 lime, 31 Gilles, 32 scie, 33 j'y, 34 Gide, 35 gîte, 36 chiffre, 37 échine, 38 Vire, 39 vif, 40 site, 41 rire, 42 dîne, 43 il, 44 risque, 45 six, 46 midi, 47 maïs, 48 mime, 49 séisme, 50 difficile, 51 visite, 52 iris, 53 qui, 54 clinique, 55 lit, 56 lire, 57 dix, 58 ici, 59 livre, 60 Sicile, 61 pire, 62 vide, 63 héroïque, 64 mille, 65 mine, 66 siffle, 67 ibis, 68 timide, 69 Isis, 70 mille, 71 vice, 72 dis, 73 vie, 74 fît, 75 vis, 76 riche, 77 mise, 78 pile, 79 crypte, 80 cite, 81 miche, 82 fils, 83 glisse, 84 type, 85 île, 86 triste, 87 cri, 88 si, 89 tisse, 90 bis, 91 bise, 92 cime, 93 cire, 94 cil, 95 Cygne, 96 Cid, 97 tige, 98 tire, libre

Illustrations : GÉNIA
Maquette : JOSEPH DORLY
Édition : CORINNE BOOTH-ODOT
Fabrication : PIERRE DAVID

N° d'éditeur : 1410016710 - II - (8) - OSB - 80
Composition P.F.C.
Imprimé en France - juillet 1993
Imprimerie Pollina, 85400 Luçon - n° 63478